FFYDD A GWREIDDIAU

JOHN SAUNDERS LEWIS

Golygydd: D Ben Rees

Cyhoeddiadau Modern Cymreig Cyf

FFYDD A GWREIDDIAU

JOHN SAUNDERS LEWIS

Golygydd: D Ben Rees

Lerpwl

Cyhoeddiadau Modern Cymreig

2002

Argraffiad Cyntaf: Rhagfyr 2002

© Cymdeithas Etifeddiaeth Cymry Glannau Mersi

ISBN 0 901332 58 5

Dymuna Cyhoeddiadau Modern Cymreig Cyf ddiolch am gymorth Adran Olygyddol Cyngor Llyfrau Cymru.

Cedwir pob hawl. Ni chaniateir atgynhyrchu unrhyw ran o'r cyhoeddiad hwn na'i gadw mewn cyfundrefn adferadwy na'i drosglwyddo mewn unrhyw ddull na thrwy unrhyw gyfrwng, electronig, mecanyddol, ffotogopïo, recordio, nac fel arall, heb ganiatâd ymlaen llaw gan Gyhoeddiadau Modern Cymreig Cyf, Allerton, Lerpwl, L18 6HW.

Argraffwyd a chyhoeddwyd gan Gyhoeddiadau Modern Cymreig, Lerpwl.

Cynnwys

Tudalennau

Rhagair 5
D Ben Rees

Portread 9
R Geraint Gruffydd

Gwreiddiau J Saunders Lewis 13
ar Lannau Mersi
D Ben Rees

Ffydd Saunders Lewis 42
Daniel John Mullins

Myfyrdod ar farddoniaeth grefyddol 47
Saunders Lewis
Pat Williams

Cip ar Saunders Lewis yn ei theatr 67
Bruce Griffiths

Saunders Lewis: Golwg Gatholig ar Ferched 78
Branwen Jarvis

Rhagair

Y bwriad gwreiddiol oedd cyhoeddi llyfryn o'r ddau anerchiad a draddodwyd yn Liscard Road, Wallasey, ar bnawn Sul, 25 Chwefror 2001, ar ôl dadorchuddio'r plac ar 6 Wilton Street, Liscard. Braint oedd cael cwmni y Dr R Geraint Gruffydd a'r Esgob, y Gwir Barchedig Daniel John Mullins, a'u clywed yn rhoddi cipolwg dros fawredd bywyd un o'n gwŷr llên pwysicaf. A gwerthfawrogwyd hefyd gwmni a geiriau y ferch, Mair Saunders Jones, wrth yr hen gartref, a chael y drydedd genhedlaeth yno. Yr hyn a ddaeth allan o'r cyfarfod oedd ffydd fawr Saunders Lewis yn athrawiaethau'r grefydd Gristnogol a'i fywyd defosiynol.

Cyfrol bwysig a gyhoeddwyd yn 1975 oedd *Saunders Lewis* (Abertawe, Christopher Davies) o dan olygyddiaeth D Tecwyn Lloyd a Gwilym Rees Hughes. A cheir darlun go gyflawn ohono, fel ysgolhaig a beirniad, gwleidydd, nofelydd, bardd, dramodydd a darlithydd, ond mae un elfen bwysig bwysig ar goll, sef ei dduwioldeb diamheuol.

Ac yng ngoleuni y beirniadu mawr sydd ar Saunders Lewis ymhlith y genhedlaeth y cefais i fy magu ynddi, a gwaeth na'r beirniadu, y bychanu sydd arno a'r rhagfarn fawr yn ei erbyn oherwydd y camesbonio a fu arno, credais y dylem ychwanegu ychydig at y cyfraniadau gwerthfawr o eiddo'r ddau a'i hadnabu'n dda, Dr R Geraint Gruffydd a'r Esgob Mullins. Gwahoddais Dr Pat Williams am imi ei chofio'n darlithio arno fel Bardd Crefyddol ac yna lluniais innau erthygl ar ei fagwraeth ar lannau Mersi, y dylanwadau a fu arno, a'r gweiddiau a gafodd ym Mans y Methodistiaid Calfinaidd.

Gwahoddais ddau arall a edmygaf yn fawr, y Dr

FFYDD A GWREIDDIAU SAUNDERS LEWIS

Bruce Griffiths a Dr Branwen Jarvis i gyfrannu fel bo'r darlun ohono yn gyflawnach. Llwyddais i gael dwy ysgrif arall dreiddgar.

Wrth baratoi y Gwasanaeth o Ddiolch am ei fywyd a'i waith cefais fy syfrdanu gan y rhagfarnau sydd gan grefyddwyr ato o hyd. Teimlwn yn gryf iawn fod angen dangos tegwch tuag at un a fu'n fawr ei gyfraniad i fywyd crefyddol cenedl y Cymry. A gobeithiaf hefyd y bydd modd cyfieithu'r gyfrol hon i'r Saesneg gan fod diddordeb byd-eang yn Saunders Lewis yn cynyddu trwy gyfrwng y we; ein gobaith ni yn Lerpwl hefyd yw cyflwyno gwybodaeth amdano ar y rhyngrwyd cyn bo hir. Ond gŵr ydoedd a drwythodd ei hun yn yr Ysgrythurau. Fel yr Iddew, cafodd ei ysgogi gan ddelwedd y Winllan, y ddelwedd a geir yn llyfr Eseia, pennod 5, adnodau 1-7, 'Cân y Winllan'. Y syniad cwbl grefyddol fod gennym ddarn o wlad, darn o gwmwd, gwinllan i'w gwarchod ac i greu daioni ohoni. Ac os na wneir hynny yna fe ddifethir y winllan hefyd, ac fe fydd y cyfan o dan ddrain a mieri.

Dylid darllen 'Cân y Winllan' i ddechrau ac yna ddiweddglo *Buchedd Garmon* yn union wedyn:

> *Bendefig Duw,*
> *Gwinllan a blannodd dyn mewn bryn tra ffrwythlon,*
> *Cloddiodd a phlannodd ynddi'r winwydden orau,*
> *Caeodd o'i chylch a chododd dŵr yn ei chanol,*
> *A rhoes hi i'w fab yn dreftadaeth*
> *I gadw ei enw o genhedlaeth i genhedlaeth.*
> *Ond cenfaint o foch a ruthrodd ar y winllan*
> *Gan dorri ei magwyr i'w mathru a'i phori hi;*
> *Onid iawn yw i'r mab sefyll yn awr yn yr adwy*
> *A galw ei gyfeillion ato,*
> *Fel y caeer y bwlch ac arbed ei etifeddiaeth?*

RHAGAIR

Garmon, Garmon,
Gwinllan a roddwyd i'm gofal yw Cymru fy ngwlad,
I'w thraddodi i'm plant
Ac i blant fy mhlant
Yn dreftadaeth dragwyddol;
Ac wele'r moch yn rhuthro arni i'w maeddu.
Minnau yn awr, galwaf ar fy nghyfeillion,
Cyffredin ac ysgolhaig,
Deuwch ataf i'r adwy,
Sefwch gyda mi yn y bwlch,
Fel y cadwer i'r oesoedd a ddêl y glendid a fu.
A hon, fy Arglwydd, yw gwinllan d'anwylyd di.
Llannerch y ffydd o Lan Fair i Lan Fair.

Llannerch y ffydd sydd mewn enbydrwydd erbyn hyn, a gall y moch siarad gwahanol ieithoedd, nid Saesneg yn unig, ond Cymraeg hefyd fel y clywn yn gyson. Dyna pam fod golwg ar Saunders y crediniwr yn anhraethol bwysig i'w osod ger-bron y Cymry llengar. Ni allwn ei anwybyddu ond mi allwn ei bardduo; ni allwn anghofio ei eirias neges ond mi allwn ei gam-esbonio. Ac ymgais yw'r gyfrol hon, ar ddechrau canrif newydd, i gyflwyno'r dimensiwn hwnnw ystyriai Saunders Lewis fel y dimensiwn pwysicaf. Yr wyf yn falch y cawsom fel Cymry Lerpwl a'r cyffiniau yr anrhydedd o osod plac er cof amdano a dylai'r Cymry gwladgarol bererindota'n gyson i weld y tŷ lle magwyd ef.

Yn un o'i ysgrifau cynnar yn *Y Llenor* (1, 143-4), ac yntau newydd adael Lerpwl, dywed am y Cristion ei fod e'n artist ac yna fe gawn weld ei fod ef bellach yn coleddu'r Gristnogaeth glasurol. Dywed yn gwbl gywir:

A phrif nodwedd y clasuron Catholig, megis Patrwm y Gwir Gristion, *yw eu tawelwch a'u sicrwydd.* Y *mae'r bywyd a ddarlunnir ynddynt wedi ei drefnu a'i ddisgyblu, mae cerflun dan gŷn meistr. Nid oes yno le i na mympwy na hap, canys celfyddyd a'i llywodraetha.*

Nid syniad Catholig yn unig mo hyn; mae'n Galfinaidd hefyd, a hwnnw oedd ei gefndir cynnar. Yn wir y mae meddwl am Saunders Lewis y Cristion yn agor byd sy'n gyforiog o gyfoeth, o fyd Pantycelyn a'i emynau i fyd Islwyn a'i gyfriniaeth, i ysbrydolrwydd gwŷr llên o Gors Caron (J Kitchener Davies a adolygiad gwych JSL arno yn *Baner ac Amserau Cymru* Hydref 21, 1953 a W Ambrose Bebb) ei feistrolaeth ar Ann Griffiths ac Emrys ap Iwan. A lle y daeth ef o hyd i lawer o'r gweithiau hyn, yn llyfrgell ei dad, y Parchedig Lodwig Lewis, a hynny yn Liscard ac Abertawe.

D Ben Rees

Lerpwl
1 Awst 2002

Portread

R Geraint Gruffydd

Rwy'n ei chyfrif yn fraint eithriadol cael cymryd rhan yn y gwasanaeth yma heddiw (25ain Cwefror 2001) a bod yn dyst i ddadorchuddio'r tabled coffa ar y tŷ yn Wilton Street lle y magwyd Saunders Lewis. Fe hoffwn innau ddiolch i'r Parchedig Ddr D Ben Rees, Mr Hugh Begley a Rachel Gooding am eu holl lafur ynglŷn â'r mater hwn.

    Nid yn Wilton Street y ganwyd Saunders Lewis ond yn 1 Falklands Road, Bolton-cum-Seacombe, ar 15 Hydref 1893. Roedd ei dad, Lodwig Lewis (o'r Gors-las, sir Gaerfyrddin, yn wreiddiol), wedi bod yn weinidog eglwys Bresbyteraidd Liscard Road, Seacombe, er 1891, ac fe arhosodd yno hyd 1916 pan symudodd i Abertawe; fe fu farw yn 1933 a'i gladdu ym mynwent Anfield. Wedi marw ei dad yr ymunodd Saunders Lewis ag Eglwys Rufain, er iddo fod yn Gatholig o ran argyhoeddiad ymhell cyn hynny. Roedd mam Saunders Lewis, Mary, yn ferch i Owen Thomas, Lerpwl, ac yn wyres i William Roberts, Amlwch, dau o dywysogion y pulpud Cymraeg yn y bedwaredd ganrif ar bymtheg; mae gan Dr D Ben Rees gofiant gwerthfawr i Owen Thomas. Bu Mary farw yn 1900 gan adael tri o fechgyn bach – Saunders oedd y plentyn canol – i'w magu'n ffyddlon a chariadus gan ei chwaer Ellen. Aeth Saunders i'r Liscard High School for Boys ac oddi yno i Brifysgol Lerpwl i astudio Saesneg a Ffrangeg. Cyn iddo raddio fe ddaeth y Rhyfel Mawr, ac fe ymunodd yn wirfoddolwr â'r South Wales Borderers a gwasanaethu fel swyddog, yn Ffrainc gan mwyaf, am bum mlynedd, gan gael ei glwyfo'n bur ddifrifol. Wedi ymadael â'r fyddin yn 1919 fe ailymunodd â Phrifysgol Lerpwl a graddio gydag Anrhydedd yn y Dosbarth Cyntaf yn 1920. Ymchwilio wedyn am flwyddyn, treulio blwyddyn fel Llyfrgellydd yn sir Forgannwg, ac yna cael ei benodi'n Ddarlithydd yn y Gymraeg yng Ngholeg Prifysgol newydd Abertawe yn 1922. Yn 1924 fe briododd Margaret Gilcriest, yr oedd wedi'i chyfarfod fel myfyrwraig mewn Daearyddiaeth ym Mhrifysgol Lerpwl cyn y rhyfel ac yr oedd wedi aros amdani am ddeuddeng mlynedd; ganwyd eu merch Mair yn 1925. Yn 1936 fe garcharwyd Saunders Lewis, ynghyd â'r Parch. Lewis Valentine a D J Williams, am naw mis am weithred symbolaidd yn rhoi ar dân ddeunyddiau adeiladu oedd wedi eu cynnull ar gyfer codi Ysgol Fomio ym Mhen-Llŷn, ac fe gollodd Saunders Lewis ei swydd. Am un mlynedd ar bymtheg fe fu ef a'i deulu'n byw yng nghyffiniau Aberystwyth ac yntau'n ymgynnal drwy newyddiadura, dysgu mewn seminari Gatholig (a'r Esgob Mullins yn un o'i ddisgyblion disgleiriaf) a ffermio. Yn 1952 fe'i penodwyd yn Ddarlithydd, ac yna'n Ddarlithydd Hynaf, yn Adran y Gymraeg, Coleg y Brifysgol, Caerdydd, Adran yr oedd ei gyfaill, yr ysgolhaig mawr Griffith John Williams, yn Bennaeth arni. Fe ymddeolodd yn 1957 ac ymroi i sgrifennu'n ddiwyd nes i lesgedd ei oddiweddyd ef a Margaret, llesgedd a wynebwyd gan y ddau ohonynt yn arwrol. Fe fu hi farw yn 1984 ac yntau yn 1985: fe'u claddwyd ill dau ym mynwent Gatholig Penarth.

Wrth sôn am waith Saunders Lewis y mae'n anodd osgoi gormodiaith a gweniaith, dau beth yr oedd ef yn eu casáu, ac fe geisiaf innau ymwrthod â hwynt. Fel gwleidydd fe ffurfiodd Blaid Genedlaethol Cymru yn 1925 a bu'n Llywydd arni o 1926 hyd 1945. Hyd yn oed wedyn, ni pheidiodd â gwleidydda, a'i Ddarlith

PORTREAD

Radio 'Tynged yr Iaith' yn 1962 a gychwynnodd yr ymgyrchu trefnedig diweddar o blaid y Gymraeg. Y mae, wrth reswm, wahanol farnau am ei gyfraniad fel gwleidydd, ond fe ellir dweud ei fod wedi llwyddo i weddnewid y ffordd yr edrychai llawer iawn o'i gyd-Gymry ar eu gwlad, a'i hawliau hi arnynt, a bod ei waith o leiaf wedi creu'r posibilrwydd a'r gobaith y gall Cymru – a'r Gymraeg – oroesi.

Ond gwleidydd anfodlon fu Saunders Lewis erioed. Darlithydd prifysgol ydoedd wrth ei alwedigaeth, ac y mae'n amheus a gafodd Prifysgol Cymru aelod disgleiriach o'i staff drwy gydol ei hanes. Llenyddiaeth Gymraeg oedd ei faes ac fe draethodd ar bob agwedd arni gyda dysg a threiddgarwch cwbl anghyffredin. Mae enwi rhai o'i gyfrolau'n ddigon i ddangos hynny:

> *A school of Welsh Augustans*, 1924
> *Williams Pantycelyn*, 1927
> *Braslun o Hanes Llenyddiaeth Gymraeg hyd 1535*, 1932
> *Daniel Owen*, 1936
> *Meistri'r Canrifoedd*, 1973
> *Meistri a'u Crefft*, 1981

Pob awdur a chyfnod a drafododd, fe newidiodd y ffordd y canfyddid yr awdur a'r cyfnod hwnnw. Does dim rhyfedd i'r ysgolhaig a'r bardd mawr, yr Athro RM Jones, ei alw yn ei gyfrol ddiweddaraf yn 'brif feirniad yr ugeinfed ganrif '.

Yr un ysgolhaig a bardd, yn yr un gyfrol, a alwodd Saunders Lewis hefyd yn 'llenor Cymraeg pwysicaf yr ugeinfed ganrif ', a dyma ddod â ni at agwedd arall ar ei gyfraniad, ac agwedd y byddai ef o bosibl yn gosod y pwys mwyaf arni. Fe gynhyrchodd ddwy nofel anghyffredin o ddiddorol: *Monica* yn 1930 a *Merch Gwern Hywel* (sef ei hen nain) yn 1964. Fe gyhoeddodd o leiaf dair ar hugain o ddramâu, ac yn eu plith *Buchedd Garmon* (1937), *Blodeuwedd* (1948), *Siwan* (1956), *Gymerwch chi sigarét?* (1956), *Brad* (1958), *Esther* (1960) a *Cymru Fydd* (1967). Mae'n ddrwg gennyf ddweud na allaf weld neb o ddramodwyr Cymraeg yr ugeinfed ganrif, ar wahân i John Gwilym Jones ac efallai Gwenlyn Parry, a all ddechrau cystadlu â Saunders Lewis fel dramodydd. Yn ei ddramâu y mae'n trafod themâu mawrion fel y gwrthdaro rhwng delfryd a dymuniad, cyfrifoldebau arweinyddion gwleidyddol a hawliau serch, ond yn gwneud hynny drwy gyfrwng cymeriadau o gig a gwaed a chydag iaith sy'n gyfuniad sicr o urddas ac agosatrwydd. Ond efallai mai yn ei farddoniaeth y gwelir Saunders Lewis ar ei fwyaf estynedig a dadlennol. Bardd prin ei gynnyrch ydoedd – prin hanner cant o gerddi a gyhoeddodd, gan gynnwys rhai cyfieithiadau – ond ymhlith y cerddi hynny y mae peth o farddoniaeth wychaf yr ugeinfed ganrif, gan gynnwys 'Y Dilyw, 1939', 'Marwnad Syr John Edward Lloyd' a 'Mair Fadlen'. Yn wir, fe ofynnodd yr Athro RM Jones y cwestiwn ai 'Mair Fadlen' Saunders Lewis ynteu 'Marwnad Llywelyn ap Gruffudd' gan Ruffudd ab yr Ynad Coch oedd y gerdd fwyaf yn yr iaith Gymraeg! Yr hyn sy'n nodweddu'r cerddi i gyd yw cariad at y byd creedig, cariad at Gymru, a chariad at Dduw: cariad at Dduw a dyhead Amdano, er cydnabod na ellir nesáu Ato ond fel pechadur edifeiriol drwy eiriolaeth Cyfryngwr.

Gwreiddiau J Saunders Lewis ar Lannau Mersi

D Ben Rees

Yn ei gyfrol gyntaf o gofiant John Saunders Lewis a gyhoeddwyd ym 1988 y mae D Tecwyn Lloyd yn rhoddi o leiaf gan tudalen i gefndir cynnar y dramodydd a'r ysgolhaig ar lannau Mersi. Pam felly ychwanegu pennod arall? Oherwydd dau reswm. Ers 1988 cyhoeddwyd cyfrol swmpus gan Wasg Prifysgol Cymru, *Saunders Lewis: Letters to Margaret Gilcriest* – wedi'i golygu gan Mair Saunders Jones, Ned Thomas a Harri Pritchard Jones – a welodd olau dydd yn 1993. Ac y mae corff y gyfrol (416 o dudalennau) am gefndir y Glannau fwy neu lai, a llawer o'r wybodaeth heb fod ar gael i'r cofiannydd. Nid oes ond rhyw ddau ysgolhaig hyd yn hyn wedi gwneud defnydd ohonynt, ond ni all neb lunio cofiant eto iddo heb ddarllen a defnyddio'r llythyron hyn a luniodd Saunders Lewis i'w gariad. Cyfarfu'r ddau fel myfyrwyr ym Mhrifysgol Lerpwl ar drothwy'r Rhyfel Byd Cyntaf.

Roedd Margaret Gilcriest yn ferch ddeallus, ddiwylliedig, yn hanu o deulu o Wyddelod Wesleaidd a symudodd o Swydd Wiclo i Lerpwl. Daearyddiaeth oedd ei maes llafur, ac ar ôl graddio bu'n dysgu yn Lerpwl, ac yna cafodd swydd yn Workington lle y bu hyd ei phriodas â Saunders ym 1924. Y trueni yw na chawn ddarllen ei llythyron hi ato ef, dim ond ei lythyron ef ati hi, ond maent yn bwysig i greu ei gefndir ar y Glannau.

Ganwyd Saunders Lewis i gartref llengar, Methodistaidd Galfinaidd, yn ardal Seacombe ar lannau'r Mersi. Roedd ei rieni yn hanu o ddau deulu nodedig yn hanes crefydd. Y fam Mary Margaret yn ail blentyn Ellen (a fu farw yn 1867) a'r Parchedig Ddr Owen Thomas (1812–1891), gweinidog enwog Princes Road, Lerpwl. Cyn priodi yr oedd hi a'i chwiorydd yn byw gyda'u tad yn 46 Catherine Street, Lerpwl. Un o Gors-las ger Cross-hands oedd y tad, y Parchedig Lodwig Lewis, a phriodwyd y ddau yng nghapel Princes Road ar 20 Ionawr 1891 gan y Parchedig Ddr David Saunders, Abertawe (a chyn-Weinidog yr Eglwys), ac mewn edmygedd ohono y galwyd yr ail fab yn Saunders. Yr oedd Dr John Thomas, Lerpwl, yn ewythr i'r briodferch. Yr oedd Lodwig Lewis, mab i ffermwr, yn 32 mlwydd oed ac yn Weinidog y Methodistiaid Calfinaidd yn Aberdulais ger Castell-nedd tra oedd Mary Margaret Thomas yn ferch saith ar hugain oed. Ar ôl y mis mêl yn Llundain dychwelodd y ddau i ofalu ar ôl dau gapel Cymraeg mewn maestrefi yn ymyl Wallasey, sef Seacombe a New Brighton. Yr oedd y Mans mewn maestref arall, Falkland Road, Egremont.

Roedd chwe arweinydd medrus yng nghapel Seacombe a hwnnw'n gapel cymharol newydd a adeiladwyd yn y saithdegau o'r bedwaredd ganrif ar bymtheg gan gwmni o Ynys Môn, William Jones, Biwmares. Ystyrid y capel (daliai bum cant) yn un o'r rhai harddaf a berthynai i'r enwad. Daeth y cerrig (cerrig calch oeddynt) o gymdogaeth Dinbych ac yn wahanol i'r rhelyw o gapeli Ymneilltuol ceid ffenestr liw hardd y tu ôl i'r pulpud. Rhodd ydoedd oddi wrth un o fasnachwyr London Road, Lerpwl, sef John Richards, un o benaethiaid y siop ddillad, Evans and Richards. Roedd cyfalafwr Cymraeg arall wedi bod yn garedig tuag at yr achos, David Davies, Llandinam, y gwleidydd a'r Aelod Seneddol. Cyfrannodd ef ddau gan punt. Agorwyd yr adeilad yn nechrau Gorffennaf 1878. Roedd 164 o aelodau yno ond erbyn i Lodwig Lewis ddod yn 1891 rhifai'r aelodau 209. Eglwys lawer yn llai oedd yn New Brighton.

Cydweithiai nifer o wŷr amlwg gyda Lodwig Lewis a'i briod ifanc. Yr oedd John C Edwards, gŵr o Lanuwchllyn, yn ŵr eithriadol o alluog. Ysgrifennai yn gyson i'r *Drysorfa*, *Cymru* a chylchgronau Cymraeg eraill o dan yr enw Cadwaladr. Ond byr fu'r cydweithredu; bu farw ar 11 Ebrill 1893 yn 54 mlwydd oed. Un arall a etholwyd yn 1891 oedd Edward Smallwood, Westminster Road, Liscard, gŵr o Sir y Fflint a brawd i'r Parchedig John Smallwood, Cymau. Meddai ar gorff cryf, cadarn ac yr oedd ganddo lais melodaidd. Symudodd i ofalu am Gapel New Brighton pan symudodd hwnnw i adeilad newydd yn Rake Lane yn 1900 a bu'n gaffaeliad mawr i Lodwig Lewis yn y fan honno. Un arall y dylwn ei nodi yw S P Chambers, Pool Cottage, Wallasey, a etholwyd yn flaenor yn 1883. Ef oedd cydwybod yr Eglwys ar ddirwest. Aeth i Ganada yn 1906 a dechreuodd bregethu yno. Daeth yn ôl i Seacombe a bu farw fis Tachwedd 1906. Dylid nodi un arall, sef William O Jones, 106 Deveraux Drive (ac yn ddiweddarach 3 Mollington Road) a etholwyd yn flaenor yn 1913, gŵr cyfoethog ond haelionus. Pan fu farw yn 1915 gadawodd bum mil i gapeli ym Môn a Lerpwl ac achosion cenhadol, yn ogystal â £500 i eglwys Liscard Road, Seacombe, a £750 tuag at gael organ. Pwrcaswyd organ ragorol yn 1915 ar draul o £825. Roedd cyfraniad William Jones â bron yn ddigon i dalu amdani'n gyfan gwbl.

Ganwyd tri mab i Lodwig a Mary Margaret. Rhoddwyd enw'r taid ar y mab cyntaf Owen Thomas a anwyd yn Rhagfyr 1891. Yr oedd ef bron yn fab y mis mêl. Ganwyd John Saunders ar 15 Hydref 1893 yn 61 Falkland Road, Poolton, Seacombe. Symudodd y teulu wedyn i dŷ arall, i Westwood, Liscard Road, Egremont, ac yno y ganwyd y trydydd plentyn, Ludwig Lewis. Erbyn 1898 cafodd y Parchedig Lodwig Lewis ei ethol yn Llywydd Eglwysi y Methodistiaid Calfinaidd yng Nghyfarfod Misol Liverpool a'r Cyffiniau. Roedd ganddo destun llawenydd:

> *Gwelir fod rhif ein cyflawn aelodau yn Liverpool a'r Cyffiniau, ar ddiwedd 1897, yn saith mil, pum cant, a chwech (7,506); cynnydd o 208 ar y flwyddyn flaenorol. Byddem ardderchog!*

Fel tad i dri o blant yr oedd yn naturiol ei fod ef yn mynd i gyfeirio at nifer y plant.

> *Y golofn barodd syndod dieithriol i ni yn yr Ystadegau hyn, oedd colofn y plant. Wrth ei darllen, a deall fod plant ein Heglwysi yn rhifo dros ddwy fil, y gofyniad ddaeth i'r meddwl oedd, nid pa ddysgeidiaeth gyfrennir gennym iddynt, ond pa ddefnydd wneid ohonynt, ynglŷn â gwaith yr Arglwydd?*

Gofidiai Lodwig Lewis am nad oedd y Cyfarfod Misol yn gwneud mwy o ddarpariaeth.

> *Paham na chynhelir Cymanfa Plant yn Liverpool? Buasai clywed mil a haner ohonynt yn canu 'Hosanah i Fab Dafydd' yn ysbrydoliaeth i bob enaid, ac yn ddechreuad diwygiad newydd yn ein plith.*

Erbyn 1899 yr oedd teulu'r Mans yn byw yn 9 Westminster Road, Liscard, y cartref lle bu farw'r fam ym Medi 1900. Daeth ei chwaer-yng-nghyfraith i ofalu am y plant a'r cartref. Magwyd y plant felly gan Ellen Elizabeth Thomas. Yn wir arhosodd gyda'i brawd-yng-nghyfraith ar hyd y blynyddoedd, hyd ddiwedd ei oes yn 1933. A heb unrhyw amheuaeth bu'r fodryb yn fam wen dda i'r tri phlentyn. Erbyn 1903 yr oeddynt wedi symud i gartref newydd a thŷ newydd, sef 6 Wilton Street, Liscard.

Beth a ddysgodd y fodryb i'r plant? Dysgodd hi iddynt lawer am eu taid, y Dr Owen Thomas, Pregethwr y Bobl. Mewn llythyr at ei gariad dyddiedig 20 Ionawr 1917 soniodd am gyfraniad ei fodryb Ellen yn hyn o beth.

> *Auntie worships him and through her I seem to know him as well as though I'd lived with him. I don't think my appearance is so magnificent as his, except that he had a jungle instead of hair on his head. I have that also, and it's an agony to tear the dry, caked Somme out of it.*

Roedd y frawddeg yn ddirdynnol am ei fod ef yn dal i gofio brwydr enbyd y Somme.

Gofalai'r fodryb eu bod yn cael clywed hanesion y Beibl – rhywbeth na chlywir llawer ohonynt bellach – ond nid yw'n sôn eu bod yn cael y rhain chwaith bob nos. Yr oedd y pleser ar nos Suliau. Meddai ef fel milwr:

> *The only indoor scene I ever look back towards for pleasure are Sunday nights when Owen and I were tiny and the baby in bed, when Auntie used to tell us stories from the Bible. She sat in the armchair and Owen and I sat on stools either side of her and close up to the fire.*

FFYDD A GWREIDDIAU SAUNDERS LEWIS

Yr oedd y cartref yn gwbl Gymraeg o ran iaith ond fod y plant yn tueddu i siarad Saesneg â'i gilydd. Ond trwy gyfrwng y cartref a'r capel daeth Saunders yn rhugl yn yr iaith Gymraeg. Dyna dystiolaeth Glyn Roose Williams, un o'i gyfoedion, ac un a roddodd oes o wasanaeth i'r bywyd Cymraeg ar y Glannau ac yn arbennig yn Wallasey. Mewn llythyr at D Tecwyn Lloyd sonia Glyn Roose Williams am Saunders Lewis yn annerch cyfarfod llenyddol yng nghapel Liscard Road, Seacombe heb, 'fethu am air'.

Roeddynt yn derbyn addysg grefyddol trwy gyfrwng y Gymraeg yn yr Ysgol Sul. Dyma dystiolaeth Glyn Roose Williams:

> *Ein hathro Ysgol Sul oedd Mr Robert Owen ... ac yn Gymraeg bron yn gyfangwbl y cadwodd ef y dosbarth, yn wahanol i'r mwyafrif. Ac yr oedd SL yn ateb yr athro bob amser yng Nghymraeg ac yn traethu braidd yn faith ar y mater dan sylw yn aml.*

Ac fe wyddom iddo lunio ysgrif yn Gymraeg i'r *Ymwelydd Misol* 1912 (tt171-2) ac yntau bellach ar ei flwyddyn gyntaf ym Mhrifysgol Lerpwl, o dan y teitl *Ymweliad ag Oriel y Darluniau yn Lerpwl.*

Cyfaddefa Saunders Lewis nad estynnai wahoddiad i'w gyfoedion Saesneg i'r cartref yn Wilton Road oherwydd fod y Mans yn werddon Gymraeg. Dyma'i gyfaddefiad mewn llythyr (dyddiedig 23 Mawrth 1971) at D Tecwyn Lloyd:

> *Yr oedd Foster Petree a minnau yn gryn ffrindiau yn yr Ysgol a bu ef yn ein tŷ ni i de – peth eithriadol gan ei fod yn golygu fod yn rhaid inni siarad Saesneg wrth fy modryb a'm tad, ac yr oedd hynny*

gartref mor annaturiol fel mai anaml y gwahoddwn i neb o'm ffrindiau ysgol i'r tŷ – yr oedd bechgyn y capel yn gwbl wahanol ...

Yr oedd yr ysgol yn ysgol breifat a gychwynnwyd gan Albert Wrigley BA yn 1895. Gŵr o Swydd Efrog oedd Wrigley a bu'r ysgol a elwid yn Liscard High School yn llwyddiant. Dau dŷ wedi eu gwneud yn un ydoedd ar y dechrau ac ar gyfer plant o bump oed ymlaen. Ni bu Saunders Lewis mewn unrhyw ysgol ond hon. Adeiladwyd ysgol newydd ar gyfer plant o un ar ddeg i ddwy ar bymtheg ar gornel Seabank Road a Hale Road. Gadawodd Saunders ar ddiwedd tymor haf 1911 am Brifysgol Lerpwl. Bu Owen Thomas ei frawd yn ddisgybl yno hefyd a'r tad yn talu am y ddau – tipyn o aberth i Weinidog Ymneilltuol. Ac yr oedd Saunders Lewis yn barod oherwydd ei gefndir i fod yn wahanol, fel y tystia ei gyfoeswr, Talbot Pearson:

Yet, I for one, and I'm sure so did others, always had a sneaking envy of his courageous nonconformity and disregard for convention.

Cymerai ran amlwg yn nadleuon Cymdeithas Ddadlau'r Ysgol gan amddiffyn safbwynt radicalaidd y Blaid Ryddfrydol mewn awyrgylch ac ymhlith plant rhieni a safai dros y Blaid Dorïaidd.

Cafodd gyfle yn 1911 i ledu ei orwelion a bu yn fyfyriwr amser-llawn o Hydref 1911 hyd Gorffennaf 1914 ar gyfer ei radd gyntaf. Bodlonodd o'i wirfodd fynd i'r fyddin yn 1914, ac ar 8 Gorffennaf 1916 fe gafodd ei dderbyn am radd BA (Gradd Rhyfel) fel y'i gelwid.

Ond am y cyfnod cynnar o'r rhyfel treuliodd ei amser yng nghylch y Glannau. Cafodd ddigon o amser yn nhymor hydref 1914 yn y gwersyll ym mharc Knowsley ger Prescot i ddarllen yn eang mewn llenydd-iaeth Saesneg. Yr unig gyfrol o farddoniaeth Gymraeg oedd ganddo oedd cyfrol o waith y telynegwr, John Ceiriog Hughes. Darllenodd nofel Compton Mackenzie, *Sinister Street,* a chydnabod mai dyma'r disgrifiad mwyaf byw o fywyd plentyn y gwyddai amdano. Ffolodd ar Christina Rossetti. Bu'n darllen ei barddoniaeth am wythnosau.

> *I am reading Christina Rossetti daily, – and nightly. Isn't the first – The Willow Wood Pond – of those you wrote out, a lovely poem, among the very best in the book.*

Roedd wedi syrthio dros ei ben a'i glustiau mewn cariad deallusol â hi. Cerddai aml i noson gyda'i gyd-filwyr i Glwb Yfed y Torïaid (Conservative Club) yn nhref Prescott. Rhwng darllen barddoniaeth Christina Rossetti a'i deithiau i Ormskirk a St Helens, lle roedd ganddo ffrindiau byddai'n gwneud taith i Lerpwl gan alw ar ei fodryb yn Arundel Avenue. Y nefoedd ar y ddaear iddo oedd hanner awr yn Pier Head, yna cwch ar draws y Mersi i New Brighton, cerdded oddi yno i Egremont ac i Wilton Street, heibio i gapel ei dad yn Rake Lane a'r fynwent sydd ar y ffin, rhwng New Brighton a Liscard.

Roedd ei dad yn ŵr digon anodd ymwneud ag ef. Roedd yn llenor ac yn ysgolhaig ac yn coleddu syniadau cymedrol Calfinaidd. Roedd yn well ganddo, yn ôl ei fab, astudio a darllen na chyhoeddi dim byd, a dioddefai yn gyson o afiechyd. Gresynai na fuasai Saunders yn treulio mwy o amser yn ei gwmni, ond roedd ffordd yr Ymneilltuwyr o edrych ar bethau yn dipyn o fwrn arno mae'n amlwg.

GWREIDDIAU J SAUNDERS LEWIS
AR LANNAU MERSI

Nid oedd ei fagwraeth wedi ei wneud yn gapelwr brwdfrydig. Ar un o'i ymweliadau â'i gartref aeth i'r capel a chafodd bregeth ar yr angen i gadw'r Sul. Ei ymateb ffyrnig oedd hyn:

> ...was so unbearable that I found I must catch a train right in the middle – a man from Anfield Road.

Yr awgrym yw mai pregethwr cynorthwyol oedd y cennad o Gapel y Methodistiaid Calfinaidd yn Anfield Road, Lerpwl, ac un digon symol hefyd.

Iddo ef gogoniant addoliad Liscard Road oedd mai'r cyfrwng oedd yr iaith Gymraeg a bod yr emynau cyfoethog yn rhan o'r addoliad. Erbyn 1915 llawenhâi fod ei gariad yn dysgu iaith ei aelwyd a iaith ei gapel, ond nid iaith ei ddarllen o bell ffordd. Dywed wrth Margaret Gilcriest am y Gymraeg, fod y geiriau'n ardderchog:

> Wonderful words that mean more than anything in English can ever express. Goodnight, fy ngeneth gudd.

Erbyn Chwefror 1916 y mae'n cydnabod fod awyrgylch 6 Wilton Street, Liscard, yn llawer mwy caredig, a bod yno lawer llai o densiwn nag oedd yn arferol. Roedd ei dad yn llawer llai ymosodol tuag ato, cymaint felly nes ei berswadio i fynd un noson i'r cyfarfod gweddi yn Seacombe a hyd yn oed i gymryd rhan. Roedd Saunders ifanc, y milwr, wedi rhyfeddu iddo weithredu felly ond yn reit falch mai dim ond ugain o bobl oedd yn bresennol. Ac eto mae'n ddigon o ddyn i gydnabod nad yw'n bosibl cloriannu cyfarfod gweddi yr Ymneilltuwyr. Rhydd y milwr ifanc deyrnged hyfryd iawn i un o gyfarfodydd gweddi Capel Cymraeg yr alltudion ar lannau Mersi. Dyma frawddeg a'm llwyr loriodd, dyddiedig Sadwrn 12

FFYDD A GWREIDDIAU SAUNDERS LEWIS

Chwefror 1916, o'r Marine Barracks, Blackdown Camp, Farnborough, Hants:

> *And yet I liked that tiny gathering of men and women, all simple and not rich, meeting in an English city to pray and have quiet, and speaking and singing in their own tongue.*

Ychwanega:

> *I think if meetings of prayer and worship were small and few, and only the poor and simple and unambitious cared for them, they might become fountains of wisdom and power, and men might go out of them to the conquest of the world.*

Ymfalchïa mai un o'r werin ydoedd, a'i bod hithau ei gariad yn Wyddeles. Mae'n barod iawn i ymhelaethu a diolch ei fod ef wedi gwneud hynny.

> *I delight to remember I am a peasant. My father's father [John Lewis] was a country peasant who could neither read nor write; my mother's father before he became a preacher was a stone-mason, and all my ancestors for hundreds of years have been livers on the soil. I have never had the slightest connection with the commercial and English middle class.*

Y mae'r darn hwn yn bwysig iawn gan fod D Tecwyn Lloyd a beirniaid eraill wedi rhoddi pwys mawr ar fagwraeth dosbarth canol Saunders Lewis. Oherwydd y mae y Dr John Thomas, Lerpwl (hen-ewythr iddo), yn tanlinellu mai'r werin bobl oeddynt. Meddai ef:

GWREIDDIAU J SAUNDERS LEWIS AR LANNAU MERSI

> *Pobl gyffredin eu hamgylchiadau, fel y deallaf, oedd fy hynafiaid oll o du fy nhad ... Ond yr oeddynt yn ddynion cryfion, gweithgar a diddiogi, yn nodedig am eu gonestrwydd, ac yn nodedig fel parablwyr rhwydd a diatal, er na chefais, er holi, eu bod yn nodedig am eu galluoedd meddyliol, na bod neb o nod fel bardd na llenor, na hynafiaethydd, na phregethwr wedi codi ohonynt.*

Wrth gyfeirio at ei ddawnus daid, Owen Thomas, y mae'n iawn i bwysleisio ei fod yntau fel ei dad o'i flaen wedi gweithio fel saer maen yng Nghaergybi, Amlwch, Ynys Enlli a Chastell y Penrhyn, ger Bangor. Yn nechrau 1826 gweithiai Owen Thomas yr hynaf yng Nglynllifon, Plas Arglwydd Newborough, a'i fab hynaf gydag ef, yn cario'r arfau i'r efail ac yn dysgu naddu cerrig. Oddi yno bu'r ddau yn adeiladu Pont Menai yn 1826 a 1827 ac Owen Thomas – a ddaeth yn bregethwr grymus – yno fel naddwr cerrig.

Diddanwch mawr Saunders Lewis oedd cael treulio gwyliau haf bob blwyddyn pan oedd yn fachgen ifanc yn ardal Llanfaethlu, Môn. Cadwodd ei fodryb Ellen a'i neiaint gysylltiad clòs â'r hen gartref yn Llanfaethlu. Dywedodd Saunders Lewis am y cyfnod hwn, degawd gyntaf yr ugeinfed ganrif:

> *Yr wyf yn cofio Llanfaethlu yn well nag y cofiaf y lleoedd y buom ni'n byw ynddynt yn Wallasey hyd at y Rhyfel Byd yn 1915 ... Cofiaf y mul lliw golau; byddem ninnau'n cael benthyg y mul i fynd i lan y môr i ymdrochi a rhoi'n parseli bwyd a dillad arno. Byddai yntau bron bob amser wedi mynd rhyw ganllath yn gorwedd i lawr yn y lôn ac ni allem ni blant bychain ei symud. Wedi sbel hir, a'i demtio efo glaswellt a brechdan, fe godai'n sydyn a chytuno i fynd rhagddo.*

FFYDD A GWREIDDIAU SAUNDERS LEWIS

Bu'r ymweliadau hyn rhwng 1901 a 1910 i Lanfaethlu yn help mawr i'w wreiddio yn yr iaith Gymraeg.

> *Rydw i'n cofio'r amser yr oedd mynd o Lanfaethlu i Lerpwl yn daith go fawr i Anti Sara, Penrhos-ddu. Ac i ninnau fechgyn yr oedd dychwelyd i Lerpwl gyda llond basgedaid o fwyar duon yn arwydd fod yr haf a'i wyliau ar ben.*

Roedd awyrgylch crefyddol y Mans mor bwerus ym Mhenrhos-ddu ag ydoedd yn Liscard. Dyma'i brofiad.

> *... a chofiaf yn dda, bob bore ar ôl brecwast, Antie Sara yn codi'r Beibl mawr oddi ar fwrdd ger y ffenestr (o flaen y lawnt croquet) a'n harwain ni oll i'r gegin lle'r oedd y forwyn, ac wrth y bwrdd, bump o weision wedi gorffen brecwast, a hithau'n rhoi'r Beibl ar y bwrdd o flaen yr hwsmon iddo gadw dyletswydd; yntau'n darllen rhan ac wedyn y cwbl ohonom ar ein gliniau ar y llawr cerrig ac yntau'n gweddïo. Ef a'm tad gartre yw'r unig ddau a glywais yn fy myw yn "Cadw Dyletswydd".*

Mae'r paragraff hwn yn cyfleu llawer iawn am fagwraeth Saunders Lewis, ac ni chafwyd golwg o gwbl ar hyn yng nghofiant gwerthfawr D Tecwyn Lloyd. Sylwch ar "ein gliniau ar y llawr cerrig". Cadw Dyletswydd yn Wilton Street a hefyd yn Nhŷ Penrhos-ddu, Llanfaethlu. Auntie Ellen fel y galwai hi, a'i clymodd hwy wrth Lanfaethlu. Nid oedd hi'n adnabod teulu Lodwig Lewis yn Sir Gaerfyrddin, ac yr oedd Penrhos-ddu yn bwysig iddi hi a'i thad, y Parchedig Ddr Owen Thomas. Dyna sut y daeth

GWREIDDIAU J SAUNDERS LEWIS
AR LANNAU MERSI

Saunders Lewis i adnabod teulu ei fam yn well na theulu ei dad, trwy Ellen, sef Owen Thomas, John Thomas, Josiah Thomas a William Thomas (pob un ohonynt yn byw yn Lerpwl erbyn 1890) a'u hadnabod yn dda iawn. Hwy oedd ei deulu. Ei nain oedd merch Gwern Hywel.

Ac yn y cyfnod cynnar hwn (1900–1910) y syrthiodd mewn cariad nid yn unig ag Ynys Môn a'i phobl a'i gweinidogion ond â'r Ynys Werdd. Dyma ei gyffes:

> *I learned to love her peasantry, I sought and loved her poets and dramatists and their mystic spirit, and I longed to know them, to have friendship with someone imbued with their spirit.*

Ar ôl cyfarfod â Margaret Gilcriest daeth Iwerddon yn fwyd a diod iddo. Yr oedd beirdd yr Ynys Werdd yn llenwi oriau lawer o'i amser.

> *I like these poems of Katharine Tynan more than I even know ... And they differ from many Irish poets' work in that there is a glad and wandering joy in them as well as the other qualities.*

Ond y Gwyddel yr ymserchodd Saunders Lewis ynddo oedd Thomas M Kettle (1880–1916), lladmerydd dros Iwerddon rydd a ffrind agos James Joyce. Darllenai, pan oedd yn fachgen ysgol, farddoniaeth Kettle, y farddoniaeth a gyhoeddwyd yn *Poems and Parodies* (1916). Gan na wnaeth Tecwyn Lloyd roddi sylw o gwbl i Thomas Kettle dylid gwneud hynny'n awr. Mab ydoedd i Andrew Kettle (1833–1916) a gredai mewn gwladoli'r tir, a chefnogydd eiddgar Charles Stewart Parnell. Roedd

FFYDD A GWREIDDIAU SAUNDERS LEWIS

Kettle yn areithydd gwych. Etholwyd ef yn Aelod Seneddol dros East Tyrone (1906–10), cefnogai hunan-lywodraeth a daeth yn awdurdod ar oblygiadau economaidd hunan-lywodraeth i Iwerddon. Gwnaed ef yn Athro Economeg Coleg Dulyn o Brifysgol Genedlaethol Iwerddon yn 1908.

Dyma atgof Saunders Lewis:

> *I remember Kettle speaking on Home Rule at the Irving Theatre Seacombe when I was at School ...*

Hwn oedd ei gyfarfod cyntaf ym myd gwleidyddiaeth. Cofiai am y dawnus Thomas Kettle a'i wallt yn ddu fel y frân. Gwrthwynebai Kettle genedlaetholdeb gul; yn wir dadleuai y dylai cenedlaetholdeb Iwerddon wreiddio ei hun yn nylanwadau cyfandir Ewrop. Yr oedd edmygedd Saunders yn fawr ohono ac yn arbennig ei fod ef wedi drachtio cymaint o ddiwylliant gwlad Ffrainc. Byddai'n rhoi'r cwbl i fod yn debyg i Thomas Kettle yn ei ddiffuantrwydd a'i lawenydd a'i hiwmor. Ymunodd Kettle gyda'r Dublin Fusiliers yn Nhachwedd 1914 a theithiodd ledled Iwerddon i berswadio'r Gwyddelod i ymuno yn y rhengoedd. Ar ôl llofruddiaeth Sheely-Skeffington yn ystod Easter Rising 1916, fe wirfoddolodd ei hun, ac fe'i hanfonwyd i ganol y drin. Lladdwyd ef yn Givenchy yn ystod Brwydr y Somme. Ni ellir deall Saunders Lewis heb ddarllen gwaith Thomas Kettle, *The Open Secret of Ireland* (1912); *Poems and Parodies* (1916); a'r ddwy gyfrol a gyhoeddwyd ar ôl ei farw, *The Ways of War* (1917) a *The Day's Burden* (1918).

Ymddiddorodd Saunders Lewis ym mlynyddoedd y rhyfel yn yr iaith Ffrangeg a'i llenyddiaeth. Aeth ati yng ngwersyll Knowsley i ddarllen *Emile* o waith Rousseau.

GWREIDDIAU J SAUNDERS LEWIS AR LANNAU MERSI

Rousseau, right or wrong, is always great, and so more stimulating and inspiring than any text book can be.

Pan aeth i Upholand, pentref ar gyrion Wigan, yr oedd Rousseau yn cadw cwmni iddo. Felly hefyd pan ymwelodd â phentref Standish:

Rousseau would delight in the Army.

Ac ar ôl gadael y fyddin pan oedd yn gwneud gwaith ymchwil ym Mhrifysgol Lerpwl, cymerai blant fel disgyblion preifat i ddysgu Ffrangeg iddynt. Deuai'r rhain ato i'w lety yn Lerpwl o bellter ffordd, o West Kirby a Chilgwri ac o bentre Huyton, ar gyrion Lerpwl. Oherwydd ei feistrolaeth ar y Ffrangeg ac i raddau llai ar yr Eidaleg y rhoddwyd iddo gyfle i fod yn Swyddog, *Intelligence Officer*, yn Athens. Dysgodd Eidaleg mewn dosbarth nos yn Canning Street, Lerpwl, yn ystod ei gyfnod yn y Brifysgol. Soniai ei bod hi'n iaith hawdd i'w meistroli.

Yn naturiol fe ddaeth yn gyfarwydd iawn â dinas Lerpwl. Lluniodd lawer o'i gerddi cynnar yn yr iaith Saesneg yn y ddinas. Pan oedd yn eistedd un diwrnod ym mis Tachwedd 1915 yng nghaffe enwog y Kardomah gwelodd ddwy leian yn dod i fewn, a chyn iddynt adael, fe luniodd y gerdd hon.

In a Cafe

Through the green door, between the rows of chairs
Where men sat, smoked, drank coffee, took their ease,
Faltering and stooped as by their long night prayers,
Two black robed sisters came seeking charities.

FFYDD A GWREIDDIAU SAUNDERS LEWIS

They passed unheeded to the other side,
Each with a bag and through the further door,
They were apart from men's ways and men's pride.
There lowly sisters of the suffering poor.

So through our life ambitions and affairs,
Their splendour darkened to the worldly mind,
Came thoughts of mercy, love and humble care,
And pass beyond us. God, how we are blind.

Hoffai eistedd mewn llefydd fel y Kardomah; ar ôl y rhyfel treuliai oriau ynddynt. Er enghraifft, arferai gwrdd â'r darlithydd o'r Adran Saesneg Lascelles Abercrombi am ginio canol dydd ym Mwyty'r Orsaf Ganolog yn Lime Street ar ddydd Llun. Yr oedd ganddo drên i'w ddal, ar bnawn Llun i Fae Colwyn, lle'r oedd ganddo ddosbarth tiwtorial. Felly o un o'r gloch tan hanner awr wedi pedwar byddai Saunders Lewis a Lascelles Abercrombe yn gwledda ac yn sgwrsio.

Dyma batrwm ei ddiwrnod gwaith fel myfyriwr ymchwil: codai rhwng 8.30 a 9.00 o'r gloch bob bore, ac yna fe adawai ar ôl brecwast am lyfrgell Picton ac aros yno o ddeg o'r gloch hyd 2.30 o'r gloch (pedair awr a hanner) gan ddarllen a gwneud nodiadau. Gadawai am 2.30 i fynd i'r Kardomah i gyfarfod â'i ffrind mynwesol Glyn Jones, yr artist Ford Jones ac ambell un arall. Byddent yn bwyta'n ysgafn ac yn yfed te hyd 5.30, a byddai'n gadael wedyn am ei lety yn 108 Coltart Road i ddarllen cyn mynd i'w wely. Darllenai'n eang Swedenborg, hanes bywyd Theodore Watts-Dutton, Thomas á Kempis, Robert Blake ac Anna Kareinia Tolstoy. Gallai llyfr, meddai, newid bywyd y darllenydd. Darllenodd drwy holl farddoniaeth William Wordsworth, ac iddo ef un o benillion mwyaf ysblennydd llenyddiaeth Saesneg yw'r pennill hwn:

GWREIDDIAU J SAUNDERS LEWIS AR LANNAU MERSI

She dwelt unknown, and few could know
When Lucy ceased to be;
But she is in her grave, and oh!
The difference to me.

Yr oedd cael diwrnod yn Llundain yn nefoedd ar y ddaear iddo, a hynny'n bennaf am yr orielau a'r siopau ail-law. Yno y daeth o hyd i waith y cyfrinydd Evelyn Underhill a llyfrau S.T. Coleridge. Pleser digymysg iddo oedd cael awr neu ddwy yn siop llyfrau ail-law yn Seacombe a gedwid gan un o gymeriadau'r cylch. Gweithiai perchennog y siop yn y dydd yn iard Cammel Lairds ond gyda'r nos agorai ei siop lyfrau er nad oedd yn rhy hoff o werthu'r llyfrau prin! Erbyn 1918 mae'n amlwg fod newid mawr wedi digwydd yn hanes Saunders Lewis – yr oedd yn darllen yn eang yn y Gymraeg. Ymunodd â Chlwb yr Artistiaid yn Eberle Street, Lerpwl (yn ymyl gorsaf Exchange), er na ddywed mwy na hynny. Perthyn i'r dyddiau wedi'r rhyfel oedd hyn hefyd. Ei gyfaill mawr oedd Edward Glyn Jones, myfyriwr meddygol, yntau'n fardd hefyd, a chyhoeddodd un gyfrol, *The Fall of Icarus and other poems*. Câi sgyrsiau hir gyda Glyn fel y'i galwai. Datgelodd Glyn yn un o'r cyfarfyddiadau hyn y byddai, o fewn pymtheg mlynedd, yn ddall. Teimlai Saunders nad oedd ef yn deilwng i ddatod ei sandalau! Meddai Glyn Jones ar wybodaeth eang o farddoniaeth ac yr oedd yn colli ei ben yn lân â barddoniaeth John Keats. Ysgrifennodd Saunders at ei gariad ar 20 Mehefin 1920 i ddweud:

If I leave Liverpool I shall be very sorry indeed to leave Glyn Jones.

FFYDD A GWREIDDIAU SAUNDERS LEWIS

Roedd yn barod, yn wir, i aros yn Lerpwl er mwyn cael ei gwmnïaeth:

> *In fact I'd like a Liverpool job for his sake and company.*

Yr oedd Cymry eraill yr oedd Saunders yn cyfeillachu â hwy, tri yn arbennig. Dyna Gwilym Peredur Jones a gychwynnodd (neu ailgychwynnodd) Cymdeithas Gymraeg yn y Brifysgol. Bu ef wedyn yn Athro Hanes Economaidd ym Mhrifysgol Sheffield. Ef oedd Llywydd Cymdeithas Gymraeg y myfyrwyr. Yr Is-lywydd oedd Saunders Lewis ei hun, ac un o'r Ysgrifenyddion oedd Miss Jennie Thomas, Penbedw, awdures yn ddiweddarach ac un a fu'n Arolygydd Ysgolion. Ar y Pwyllgor Gwaith o bump yr oedd Cymro Cymraeg galluog iawn, R A Morton o gapel Cymraeg Garston. Daeth Dr Richard Alan Morton (1899–1977) yn Athro Prifysgol Lerpwl ac yn arloeswr ym maes biocemeg y golwg; yr oedd yn ŵr gostyngedig a raddiodd mewn Cemeg gydag Anrhydedd Dosbarth Cyntaf yn 1922, dwy flynedd ar ôl i Saunders Lewis ennill ei radd yntau, Anrhydedd Dosbarth Cyntaf yn Saesneg. Dyma ddau Gymro athrylithgar eu cyfnod ym Mhrifysgol Lerpwl. Yr oedd cwpan yr Athro Oliver Elton, Athro Saesneg Prifysgol Lerpwl, yn llawn pan gafodd Saunders Lewis y clod uchaf yn ei radd. Roedd y ddau'n gryn ffrindiau.

Hobi pennaf Saunders Lewis fel myfyriwr oedd cerdded yr hen lwybrau i Gilgwri. Bidston oedd ei hoff gyrchfan. Ysgrifennodd yn *Y Llinyn Arian* (Aberystwyth, 1947), cyfrol ddathlu chwarter canrif cyntaf yr Urdd, am ei ddiddordeb mawr yn Liscard wrth fynd i'r wlad am dro.

GWREIDDIAU J SAUNDERS LEWIS
AR LANNAU MERSI

Awn allan ar brynhawniau Sadwrn i'r wlad. Cornel o wastadedd anhynod ac anenwog yr Wirral oedd fy ngwlad. Gallwn dramwy o bentref hen-ffasiwn Wallasey i lawr i lan y môr hyd at Leasowe a Meols, a throi i mewn tuag at Woodchurch neu Moreton, ac yn ôl drwy Bidston lle yr oedd bryn amlwg a choedwig ac arsyllfa ystronomïwyr.

Cafodd brofiad o gymuno â natur ar y teithiau hyn. Weithiau, fel y dangosodd D Tecwyn Lloyd, byddai bechgyn o'r ysgol gydag ef, fel J E Manson, ond yr oedd atyniad mawr yng nghoedwig Bidston ar hyd y blynyddoedd, o'i lencyndod i ddyddiau'r myfyriwr ymchwil. Dyma a ddywed yn *Llinyn Arian* am goedwig Bidston:

> *Treuliais aml noson yng nghoedwig Bidston. Cerddais yno un noswaith yng ngolau'r lleuad. Adeg y gwanwyn ydoedd. Ni fedraf ddisgrifio mewn geiriau fel y daw gwawr a dydd i'r coed. Ceir ym* Murmuron y Fforest *Wagner [sic] atsain o'r profiad.*

Ar 4 Mai 1919, o 108 Coltart Road, anfonodd soned i'w gariad a luniodd y Sul cynt yng nghoed Bidston. Dyma'r cefndir:

> *But on Sunday, being weary of digs and myself, I went off in the afternoon to Wirral, the only "country" near, and I was in Bidston Woods when it grew towards darkness. I am sending you this for it's given me more pleasure to find I could do it again than a thousand articles for my south Wales paper at a guinea a column. One line was in my head in the woods and the rest tumbled*

together today, and this evening instead of Coleridge I've twisted them into shape, and I give you what I didn't think I could give.

A dyma'r soned:

Bidston Wood

I went, impatient of solitude and sought
To bury it in the old familiar places,
Where I had once known happiness, I thought
That there in April, in the kindly woodland mazes,
Beauty would come again with sudden traces
Of birch and bursting thorn all memory-fraught
With imagery of love's surprised and captured embraces;
Then loneliness would fall from me dream-distraught.
But oh, the throb of the blackbird's low, clean fluting
In a silence caught from a moment's tremor of wing,
And the unimaginable shock of the thorn – leaf's shooting
So light that a bird's breath set it quivering, – How could I
bear them, and the last delicate sky-light,
And your remembered whisper at gathering twilight.

Yn ystod y Rhyfel Byd Cyntaf penderfynodd ei dad symud o Seacombe. Roedd wedi rhoi'r gorau i fugeilio Capel Rake Lane, New Brighton, ar ddechrau'r Rhyfel. Symudodd ym 1916 i'r Crug-las, Abertawe, a bu'n rhaid i Saunders deithio yno o Lerpwl a mannau eraill i weld ei dad. Nid aeth y fodryb Ellen gydag ef ar y dechrau – roedd hud y Glannau'n drwm arni hi ac arhosodd yn Wallasey. Byddai'n well gan y nai pe bai wedi symud i Rock Ferry er mwyn bod yn agosach i'w hoff fangre ar y Glannau, Bidston.

Teimlai'n hynod o hiraethus ar ddechrau

GWREIDDIAU J SAUNDERS LEWIS AR LANNAU MERSI

1917, ei dad yn Abertawe, ei fodryb yn Wallasey, ei frawd Ludwig yn Bisley, a'r brawd arall yn yr Unol Daleithiau ac yntau yn Ffrainc a'i gariad yn Workington. Sgrifennai bob dydd at ei fodryb o'r trenches, ac erbyn canol y flwyddyn daeth profedigaeth fawr i ran y teulu, a hynny ar 7 Gorffennaf pryd lladdwyd Ludwig Lewis yn Ffrainc. Mae ei enw ar y plac i gofio'r milwyr o Rake Lane sydd bellach wedi ei gyflwyno i gapel Seion, Laird Street, Penbedw. Dymunodd gael dod yn ôl o Ffrainc, ond ni chafodd yr adeg honno oherwydd cyflwr ei iechyd. Yn wir, cafodd lawdriniaeth ei hun ar 4 Rhagfyr yn Ysbyty Fazackerley, Lerpwl. Roedd ei fodryb wedi trefnu i aelodau'r capel ymweld ag ef yn gyson. Treuliodd Nadolig 1917 yn Ysbyty Fazackerley a hwnnw'n Nadolig Lerpwlaidd go iawn, llawn o rialtwch o hanner dydd i hanner nos. Dyma'i gyffes:

> *And then from noon till midnight we lived in a riot of dressing fantastically, kissings untold beneath mistleoe, riotous play and dancing, and much festivity. A very youthful Xmas indeed.*

Galwodd ewythr iddo amser te a chafodd sioc farwol ei fywyd Methodistaidd:

> *and [he] was I think rather flabbergasted to find me dressed in nurse's costume, a bow off a chocolate box in my hair, and carrying tea about ...*

Yr oedd hi'n amlwg fod Saunders Lewis yn medru mynd dros ben llestri weithiau!

Ond, y flwyddyn ganlynol ar ôl iddo wella – a bu yn Ysbyty Fazackerley am wythnosau lawer – yr oedd Cymru yn dod yn fwy o atyniad iddo. Teimlai ei hun yn llawn brwdfrydedd dros Gymru. Erbyn 28

FFYDD A GWREIDDIAU SAUNDERS LEWIS

Chwefror 1918 mae'n sôn am gynorthwyo Cymru ar linellau Iwerddon.

> *That this step has brought my father and myself nearer together. He is glad that I have determined to write and speak mostly in Welsh, and is heartily in approval of the idea. I have even found him keen on a Welsh theatre.*

Dyma'r paragraff gyda'r pwysicaf. Mae'n amlwg mai rhan fawr o'r diffyg dealltwriaeth rhyngddo ef a'i dad yn ei ieuenctid a'i flynyddoedd fel myfyriwr a milwr oedd mater y Gymraeg. Yr oedd Saunders Lewis yn mynd yn ymgorfforiad o Sais diwylliedig. Problem fawr pob Gweinidog ar y Glannau dros y canrifoedd, o ddyddiau Goronwy Owen yn Walton hyd ein dyddiau ni, yw magu ein plant yn Gymry Cymraeg. Nid yw'n hawdd, a llwyddodd y rhan fwyaf o'r gweinidogion y gwn i amdanynt. Ac nid yn unig y mae'r tad a'r fam yn dymuno iddynt siarad Cymraeg ond yn dymuno iddynt hefyd ddangos diddordeb a theyrngarwch i'r Capel y mae'r tad yn weinidog arno.

Nid yw Saunders Lewis yn sôn llawer am ei ymlyniad wrth y capeli Cymraeg, y capeli a fu'n gadarnleoedd yr iaith ym mhobman. Rhannu ei deyrngarwch a wnâi pan ymwelai â Llundain gan fynd i un oedfa Gymraeg ond y gwasanaeth arall yn Saesneg. Dyna a ddigwyddodd ar 12 Mawrth 1916. Gwasanaeth Cymraeg yn y bore ond yn yr hwyr Abaty San Steffan. Roedd e'n hoffi'r Abaty ac yn cydnabod fod y Côr yn fendigedig a'r organ yn rhyfeddol. Bythefnos yn ddiweddarach fe aeth i Eglwys St Margaret yn Westminster yn y bore, ef a'i frawd Ludwig, i wrando ar Esgob Rhydychen. Gwna'r sylw deifiol mai dyma'r Esgob cyntaf a glywsai erioed yn

GWREIDDIAU J SAUNDERS LEWIS AR LANNAU MERSI

'dweud unrhyw beth gwerth ei ddweud'! Yn yr hwyr aeth i wasanaeth Cymraeg ond nid yw'n dweud ym mha le nac ychwaith pwy oedd yn traethu. Roedd cewri yn Llundain y dwthwn hwnnw fel y Parchedig D. S. Owen (1887–1957) yng nghapel Jewin, Llundain, a'r Parchedig Peter Hughes Griffiths (1871–1937) yn Charing Cross, yno ers 1902. Pregethai ef gydag arddeliad; "asbri ysbrydol" yw un disgrifiad ohono. Ond nid yw Mab y Mans Seacombe yn sôn am ei enw ef na chwaith Elfed yn King's Cross.

Fe ymddengys y bu Saunders am gyfnod yn athro Ysgol Sul ond ni fu llwyddiant ar ei ymdrech:

> *My own efforts I remember were a failure. I found boys of eleven to fourteen were much older and wiser than myself.*

Yn wir, yn ôl ei addefiad ei hun, nid oedd ganddo lawer o glem ar hanfodion dysgu'r Gair i bobl ieuainc yn eu harddegau:

> *And so I dropped the Bible, all except the parables of Jesus, and I tried to hide the fact that these parables had lessons and morals in them, and I tried to talk about Pryderi and how a girl was created of the flowers of broom, and oak, – and the result was the kids proved very sceptical and told me about Adam and Eve. I remonstrated that a girl was very much more like a flower than the hip bone of a man, and they gravely affirmed that the proper way to live was to make your way decently, and that parents took care of the children when they were young so that they may be cared for when they were old.*

Dim ond rhagflas yw hyn oherwydd yn y frawddeg

nesaf collodd ei resymoldeb yn llwyr:

> *I shouted back that this was a damned blasphemy, and that parents only kept their children just as girls keep dolls, for the fun of it. And then the superintendent came and told me to keep quiet as mine was not the only class in the room. I pitied those little kids, town-bred, hard, practical, already disillusioned, and wise as the Devil, and I nearly prayed that sudden death might take 'em all before their demoniac wisdom took on maturity.*

Methiant llwyr, ddwedwn i, i gyfathrebu'r ffydd! Ond fe newidiodd J Saunders Lewis yn fawr. Yr oedd ei syniad o Grist mor niwlog, mor rhyddfrydol. O fewn deng mlynedd yr oedd yn croesi cleddyfau gyda'r llenor W J Gruffydd ar fater y ffydd. Yr oedd ei ddiwinyddiaeth erbyn hynny wedi aeddfedu a newid ond, fel milwr, yr oedd ymhell ohoni. Dywedodd wrth ei gariad:

> *Show Christ as a splendid and rash Peter Pan who was killed because a real child is a danger to all classes, who are timid of the glory of joy.*

Newidiodd ei safbwynt ar bechod yn chwyldroadol. Ar ddiwedd y gyflafan fawr dyma oedd barn J Saunders Lewis ar bechod:

> *But to teach the atonement is to teach a morbid sense of sin, and I doubt if consciousness of sin is really natural to men. It seems to me more of an inculcation.*

Ni chawn ganddo unrhyw bang o gydwybod pam

iddo fynd yn filwr. Ond pan aeth yn ei ddillad milwr i dref Conwy deallodd nad oedd gwisgo dillad milwr yn dderbyniol iawn i lawer o Gymry.

> *The Welsh folk hate the dress and feel shy of officers even when they speak Welsh. You see, I don't belong to a people swanky by nature, like the English.*

Yr oedd hi'n amlwg fod ei syniadaeth yn gymysglyd iawn. Nid oes Calfiniaeth ar ei gyfyl, ond yn hytrach dipyn o gyfriniaeth natur. Gwelir hyn dro ar ôl tro. Cerddai i'r wlad yn gyson ar bnawn Sul ar hyd y ffyrdd ac ar hyd y llwybrau. Yn niwedd Mawrth 1919 cerddodd yr holl ffordd o Lerpwl i Gaer. Dyma a ddywed:

> *It was the first long walk alone I've enjoyed for many years, and something that I thought lost for ever came back; that old feeling of closeness and intimacy, and excitement we used to find in grass and mud and water, and an evening sky, and a sunset. I felt very happy for three hours, and wished you were there.*

Y mae hyn i'w ganfod o hyd ac o hyd. Meddai yn *Y Llinyn Arian*:

> *Meddianna'r [machlud] ffurfafen a'r gwastadedd, dir a môr. Cofiaf y troeon cyntaf iddo feddiannu a llethu f'ysbryd innau tra rhodiwn dano. Gyrrai fi i ddistawrwydd dieithr. Yr oeddwn yn rhodio mewn eglwys.*

Yr oedd syniadaeth o'r fath yn heresi i'w dad. Yr oedd y mab yn ddisgybl yr adeg honno i Richard

Jeffries (1838–87), a dangosodd D. Tecwyn Lloyd yn gelfydd iawn y tebygrwydd yn eu profiadau a'u syniadau. Mae'n amlwg bod Saunders Lewis wedi darllen cyfrol Jeffries, *The Story Of My Heart* (1883, ail argraffiad 1912). Ond dengys D. T. Lloyd nad oedd Saunders Lewis wedi llyncu holl ddysgeidiaeth Jeffries. Ac yn stroclyd ddigon, y mae Tecwyn Lloyd yn sgrifennu:

> *Gwladwr oedd Jeffries; trefwr oedd Saunders Lewis.*

Pan ddarllenir llythyron caru Saunders yn ofalus gwelwn nad yw'r honiad uchod yn wir o gwbl. Fel llawer iawn o Gymry Cymraeg Lerpwl, ymhob cenhedlaeth, er eu bod yn byw mewn tref, pobl y wlad Gymraeg eu hiaith ydynt yn y bôn. Alltudion oeddynt a hefyd gwladwyr go iawn. Hiraeth am Gymru oedd ei rhan bron yn feunyddiol. A hiraethai Saunders Lewis am dawelwch y wlad lle roedd gwreiddiau ei hynafiaid. Dywedodd wrth ei gariad:

> *I am longing (*hiraethus *is our Welsh word) for solitude.*

Byddai'n rhoi'r byd i gyd am fod allan yn y wlad yng Ngogledd Cymru, cael cerdded Dyffryn Conwy am ddau fis a chlywed dim byd ond yr iaith Gymraeg. Ni allai ddeall ei fodryb. Hi oedd merch y dref. Roedd hiraeth mawr arni hi am Lerpwl ar ôl symud i Abertawe.

> *She longs for Liverpool and the districts where she was a girl, Catherine Street, and Bedford Street and Rodney Street; and tonight [23 Ebrill 1919]*

GWREIDDIAU J SAUNDERS LEWIS
AR LANNAU MERSI

*after reading this book [*My Wife's Hidden Life*] I begin to understand better.*

Ond, iddi hi, nid oedd Abertawe'n apelio llawer ym 1917:

It is a typical Welsh county town, where everyone discusses everybody else, and everybody's affairs belong to their neighbours. But it is quaint, curious, and I daresay I'll like it if I ever settle there.

Yr oedd ysbryd mwy annibynnol y maestref wedi treiddio i'w hysbryd. Ond fe ddigwyddodd un peth mawr i Saunders cyn iddo adael y Glannau a dyma fel y gosododd ef y peth ymhen blynyddoedd lawer wrth siarad ag Aneirin Talfan Davies mewn cyfweliad teledu:

Rwy'n cofio pan o'wn i yn y Brifysgol yn Lerpwl bod yn dadlau ar ryw fater neu'i gilydd gyda nhad. Ac yn sydyn fe droes fy nhad ata' i ac fe ddwedodd: "Drychwch chi, Saunders", medda fo, "ddaw dim byd ohonoch chi nes dowch chi 'nôl at eich gwreiddiau." A dyna un o'r pethau personol a ddywedwyd wrthyf fi gan fy nhad yr ydw i'n eu cofio nhw'n fyw iawn hyd heddiw.

Y mae Tecwyn Lloyd yn y Cofiant (tudalennau 83–5) yn ymbalfalu ac yn mynnu dweud "ni wyddom pa wreiddiau a olygai ei dad". Ac yna mae'n rhoi ei fys ar ran o'r ateb, sef llenyddiaeth Gymraeg, y traddodiad ymneilltuol Cymraeg a chysylltiadau â Chymry Cymraeg ei oes. Dyna'r gwreiddiau. Ond i'w dad y gwreiddiau oedd y Gymraeg a Christnogaeth. Daeth y mab i goleddu'r ddau yn odidog o 1920 ymlaen am weddill ei oes. Tyfodd Saunders Lewis, fel y dywed yr Esgob Mullins, yn ŵr duwiol, ond fe ddaeth yn symbyliad i bawb sydd am amddiffyn yr iaith Gymraeg. Cafodd ei wreiddiau cyn gadael Lerpwl ond cael a chael oedd hi. Bu bron i lenyddiaeth Lloegr a Ffrainc a'r Iwerddon ei ddenu'n llwyr, ac yr oedd yn dod o hyd i rywrai o hyd o orffennol Ffrainc ac Iwerddon. Darganfu yn haf 1919, cyn gadael Lerpwl, y nofelydd Ffrengig, Maurice Barrés. Bu mor hy ag ysgrifennu ato ar ôl darllen ei nofel, a'r hyn a wnaeth Barrés oedd anfon copi o'i ail nofel fel rhodd iddo. Fel W Ambrose Bebb yntau yr oedd ganddo gariad twymgalon at Ffrainc; fel hyn y mynegodd ei deimlad:

> *I love France as I love Wales, and as I dream of Wicklow I like Chester so well because half the faces there are Celtic in type.*

Mae'r frawddeg hon yn glo ar yr ymdriniaeth. Dyna wledydd agos i'w galon. Cymru a Ffrainc yn gyfartal, Iwerddon yn ail ar y rhestr a Lloegr yn bedwerydd. Ond byddai llawer o'i hynafiaid yn rhoddi Lloegr o flaen Iwerddon Babyddol a Ffrainc hanner Pabyddol. Dyna'n sicr fyddai barn ei daid a'i bedwar brawd a'i fodryb a'i dad; cawsant hwy groeso Lloegr a Lerpwl a Wallasey – Seacombe Cymry Cymraeg – am flynyddoedd lawer. A phan adawodd Saunders Lewis Lerpwl yn haf 1920 yr oedd yntau wedi treulio dros chwarter canrif yng ngwlad y Saeson. Ond am weddill ei oes rhoddodd Gymru ar y map.

GWREIDDIAU J SAUNDERS LEWIS
AR LANNAU MERSI

Llyfryddiaeth Fer

Meredydd Evans, '*Saunders Lewis a Methodistiaeth Calfinaidd*' Y Traethodydd, Ionawr 1994, 5-16.

Mair Saunders, gol., *Bro a Bywyd: Saunders Lewis 1893-1985*, Cyngor Celfyddydau Cymru, 1987.

Mair Saunders Jones, Ned Thomas & Harri Pritchard Jones, eds.,*Saunders Lewis Letters to Margaret Gilcriest*, Cardiff, University of Wales Press, 1993.

D Tecwyn Lloyd, John Saunders Lewis; *Y Gyfrol Gyntaf*, Dinbych, Gwasg Gee, 1988.

D Ben Rees, Pregethwr y Bobl : *Bywyd a Gwaith Dr Owen Thomas*, Lerpwl a Phontypridd, Cyhoeddiadau Modern Cymreig Cyf, 1979.

Kwame Anthony Appiah & Henry Louis Gares, Jr, eds.,*The Dictionary of Global Culture*, Harmondsworth, Penguin Books, 1996. J Saunders Lewis yw'r unig Gymro sydd yn y gyfrol swmpus hon o 717 o dudalennau. Gwelir y cofnod ar dudalennau 405–6.

Ffydd Saunders Lewis

Yr Esgob Daniel John Mullins

I'r un sy'n derbyn y cyfrifoldeb o bregethu Efengyl Crist, mae geiriau Paul yn gallu bod yn frawychus. O'i holl lythyrau, yr Epistol at y Philipiaid yw'r un mwyaf personol a mwyaf addfwyn. Nid yw'n sgrifennu i gwyno nac i gywiro dim. Diolch y mae am eu Ffydd a'u ffyddlondeb, am eu gofal amdano yn ei garchar. Nhw ym mhresenoldeb y Barnwr Mawr yw ei lawenydd a'i goron. Ac y mae eu gofal a'u haelioni tuag ato wedi bod yn gyson ac yn llawenydd iddo yn yr Arglwydd. Ac wrth eu hannog i gofio ac i fyfyrio ar y pethau sydd yn wir, sydd yn anrhydeddus, sydd yn gyfiawn a phur, mae'n gallu ychwanegu'r geiriau sydd yn rhan o'r darlleniad a glywsom gynnau: "Y pethau yr ydych wedi eu dysgu a'u derbyn, wedi eu clywed a'u gweled ynof fi, gwnewch y rhain." Nid yw Paul byth yn ofni galw ar ei wrandawyr i ddod yn efelychwyr ohono ef ac felly o'r Arglwydd ei hun: "Byddwch yn efelychwyr ohonof fi fel yr wyf innau o Grist."

Mwy brawychus eto oedd bod yn offeiriad ac yn esgob ar ddyn a oedd yn disgwyl bod disgrifiad Paul ohono ei hun yn wir am yr esgob a eisteddai yn ei gwmni. Mor wylaidd ac mor ddiymhongar oedd Saunders Lewis pan fyddai yn trafod mawrion bethau'r datguddiad Cristnogol, pan fyddai'n ceisio treiddio i'w harwyddocâd ym mywyd yr un a fynnai gymryd y Testament Newydd yn Air Duw.

Braint oedd cael adnabod Saunders Lewis a bod yn ddisgybl iddo, cael croeso yn ei gartref. Gras oedd cael trafod y bywyd a roddir inni yng Nghrist ein Gwaredwr, a thrafod hynyna nid mewn huodledd na doethineb ond yn sicrwydd y Ffydd. Iddo ef, fel i bob Cristion, Crist Iesu yw'r datguddiad terfynol a roddwyd i ddynion, yr unig enw a roddwyd i ni gael ein hachub trwyddo.

Mae bod yn esgob yn golygu bod yn bregethwr yr Efengyl. Rhaid gwneud hynny boed yn gyfleus neu'n anghyfleus; argyhoeddi, ceryddu, calonogi, a'r cyfan oll ag amynedd di-ball wrth hyfforddi, galw ar bobl i ddod yn efelychwyr ohonof fi ac felly o'r Arglwydd. Dyna a ddisgwyliai Saunders Lewis gennyf fi, dyna a ddisgwyliai pan ddymunai drafod mawrion bethau'r Ffydd, pan geisiai weld beth oedd arwyddocâd y Ffydd honno yn ei fywyd ac ar ei holl ddiddordebau. Yr oedd yn derbyn fod gennyf fi weledigaeth a goleuni ar bethau ysbrydol gan mai esgob yn yr Eglwys oeddwn, fod delfryd Paul yn wir yn fy achos i. Profiad bendithiol ac ysgytwol.

Mae eraill wedi siarad am Mr Lewis heddiw ac wedi bod yn hael ac yn huawdl eu clod iddo. Rhaid i mi fod yn ofalus ac yn gynnil fy ngeiriau. Oblegid cefais i'r fraint na chafodd yr un arall o'i gyfeillion, y fraint o gael fy nerbyn yn offeiriad yn dod ato ym mherson Crist ei hun. Do, yr ydym wedi trafod y byd a'i bethau. Yr wyf wedi gwrando arno'n traethu'n ddifyfyr ac yn ddifyr am wleidyddion Cymru a'r byd, am yr Eglwys, ei beiau a'i ffaeleddau dynol, am lenyddiaeth, weithiau ond nid yn aml am ei waith ei hun, am ei gyfeillion a'i elynion. Ond yn bennaf oll yn rhinwedd fy swydd ac yng ngoleuni ei Ffydd yntau, i mi yn ei flynyddoedd olaf yr oedd wedi agor ei gydwybod a'i enaid. Gwnaeth hyn yn y sicrwydd, a minnau'n offeiriad iddo, na fyddai ei eiriau na'i feddyliau mwyaf personol byth yn cael eu datgelu i'r un enaid byw. Bendith yw cael gwrando ar enaid mawr yn siarad yn ddiragrith ac yn agored ar ddirgeleddau mawr y Ffydd Gristnogol. Ac yntau'n troi ataf fi er mwyn treiddio'n ddyfnach i hanfodion y Ffydd, dechreuais i gael goleuni newydd ac amgyffred ehangach ar holl rychwant yr athrawiaeth gatholig ac ar waith yr Ysbryd Glân yn gweddnewid bywyd a phersonoliaeth dynion pechadurus. Dechreuais sylweddoli beth yw arwyddocâd a dylanwad y Ffydd i'r un a oedd yn cyffesu ag argyhoeddiad dwfn – Credaf yn Nuw Dad Hollalluog, Creawdwr nef a daear . . . Credaf yn ei uniganedig Fab Iesu Grist. Credaf yn yr Ysbryd Glân, yr Arglwydd a'r Bywiawdwr.

Yr oedd Ffydd a gweddi Saunders Lewis yn hanfodol Drindodaidd. Y gred syfrdanol hon, sydd y tu hwnt i allu dyn i'w dirnad, yw nod amgen y Datguddiad Cristnogol. Nid dyn ydoedd a allai drafod ei gredo yn arwynebol. Nid oedd yn gyfforddus pan fyddai pobl yn ceisio ei holi am ei fywyd ysbrydol. Ond fe fyddai bob dydd yn darllen yn ei Feibl. Yn ystod tymor y Grawys, ei faes darllen a myfyrio cyson oedd hanes dioddefaint Crist fel y mae'r Efengylwyr wedi diogelu'r stori inni. Yn yr Offeren, yr oedd Calfaria, yr aberth achubol a oedd yn cyfamodi'r byd a'r Tad, yn brofiad personol. Yn gynnil iawn, cyfeiriodd at hyn yn y cyfweliad ag Aneirin Talfan. Unwaith yn unig yr oedd wedi sgrifennu am hyn a hynny mewn ysgrif fer yn *Efrydiau Catholig* Ar gais ei gyfaill y Tad Leo Caesar y trafododd le'r Offeren ym mywyd y Brifysgol ac ym mywyd myfyrwyr Catholig. Ond fe fyddai bob Sul yn ymuno'n dawel ac yn weddigar yn addoliad y plwyf. Yr oedd geiriau cloi Canon yr Offeren, y Weddi Ewcharistaidd, wedi eu serio ar ei enaid: "Trwy Iesu Grist ein Harglwydd yr wyt ti, O Dduw, bob amser yn creu, yn sancteiddio, yn bywhau, yn bendithio ac yn rhoddi i ni'r pethau daionus hyn. Trwyddo ef, a chydag ef, ac ynddo ef, y mae i ti, Dduw Dad

Hollalluog, yn undod yr Ysbryd Glân, bob anrhydedd a gogoniant, yn oes oesoedd. Amen."

Pan oedd Saunders Lewis yn hen ŵr, ac yn ei eiriau ei hun sydd yn atsain o eiriau Paul, yn dyheu am farw, pryder mawr iddo oedd beth allai fod yn ei bapurau; sut fyddai pobl yn eu dehongli a'u defnyddio? Yr oedd wedi trosglwyddo'r cyfan i ofal ei gyfaill y Dr Geraint Gruffydd ac i'r Llyfrgell Genedlaethol. Nid oedd yn cofio mwyach beth oedd ar glawr yn y papurau hynny. Fe gofiai iddo draethu yn ei lythyrau at gyfeillion agos o Gatholigion, traethu am yr Eglwys, am yr anesmwythyd a achoswyd iddo gan ei Ffydd, gan esgobion a gwŷr blaenllaw'r Eglwys. Efallai y byddai rhai yn meddwl ei fod yn anffyddlon i'r Eglwys Gatholig. "Fe wyddoch chi" meddai wrthyf, "nad ydy hynna ddim yn wir." Yr oedd derbyn "brathog gordyn Ffydd" yn golygu ymgodymu beunydd ag amheuon, Yr oedd y Ffydd yn gorfodi dyn i adael hen bethau siŵr y byd a chadw golwg, nid ar y pethau a welir ond ar y pethau nas gwelir. Yr oedd wedi ei orfodi i berthyn i gymuned lle yr oedd llawer nad oeddent yn deall ei gefndir a'i dreftadaeth nac yn malio dim am bethau a oedd yn gysegredig iddo ef. Ac eto, ac eto, bu'n rhaid dewis. A chadw at y dewis hwnnw a wnaeth ef hyd at y diwedd. Erbyn y diwedd, nid oedd unpeth arall yn cyfrif.

Yr oedd ei ddiwedd yn dawel. Yr unig beth y gobeithiai ac y gweddïai amdano oedd y byddwn i yn gallu dod â'r Cymun Olaf ato ar awr ei angau. Byddai cymuno â'i Arglwydd yn Sagrafen yr Allor yn sicrhau mai ei Iachawdwr fyddai'n ei gyflwyno i drigfannau Duw, yn ei alluogi ef o'r diwedd i ddweud 'Duw' gydag ystyr. Dyna'r dyn yr wyf fi yn ei gofio heddiw. Yr wyf fi yn diolch o waelod calon, yn diolch i Dduw am y fendith a roddodd imi o fod yn offeiriad i

FFYDD A GWREIDDIAU SAUNDERS LEWIS

Saunders Lewis. Gan y gŵr hwnnw y dysgais lawer am y Ffydd sydd yn etifeddiaeth i mi. Dysgais i lawer ganddo sut i fyw'n Gatholig. Ganddo ef y dysgais sut i farw'n Gatholig. Yn y geiriau a ddefnyddir wrth gladdu Cristion Catholig, geiriau a oedd yn ddirdynnol wir iddo, gweddïaf drosto heddiw:

> *Llewyrched arno oleuni gwastadol, gorffwysed mewn tangnefedd.*

Myfyrdod ar farddoniaeth grefyddol Saunders Lewis

Pat Williams

(Nid erthygl ysgolheigaidd mo hon ond tipyn o sgwrs i gyflwyno barddoniaeth grefyddol Saunders Lewis i aelodau Cymdeithas Lenyddol Bethel, Heathfield Road, Lerpwl, ar achlysur lawnsio'r apêl i sefydlu ysgoloriaeth i ddathlu ei ganmlwyddiant.)

Mae Saunders Lewis yn fwy adnabyddus fel dramodydd, nofelydd, beirniad llenyddol ac fel un sydd wedi ysgrifennu llawer ar wleidyddiaeth a phynciau llosg y dydd nag ydyw fel bardd. Nid tan Fis Mawrth 1992 yr ymddangosodd y gyfrol gyntaf o'i holl waith barddonol cyhoeddedig, cyfrol sy'n cynnwys rhyw 42 o gerddi a 10 emyn. Cyn hynny roedd yn anodd iawn cael gafael ar ei gerddi. Roedd y rhan fwyaf wedi eu cyhoeddi yn y gyfrol *Byd a Betws* sydd allan o brint ers blynyddoedd, rhai yn y gyfrol *Siwan a Cherddi Eraill* ac ychydig o rai eraill mewn cylchgronau gwahanol.

Un ohonom ni yw Saunders Lewis. Cafodd ei eni yn Wallasey, yn fab i'r Parchedig Lodwig Lewis ac yn ŵyr i'r Parchedig Ddoethur Owen Thomas, y ddau yn weinidogion gyda'r Methodistiaid Calfinaidd. Dwn i ddim a oedd Saunders Lewis ei hun yn sylweddoli arwyddocâd y ffaith iddo gael ei eni yn Wallasey. Mae'r elfen *Wall- yn Wallasey* yn gyfystyr â'r elfen *Wal-* sydd i'w chael yn *Wales*, o'r gair Eingl-Sacsoneg *Walea*, sy'n golygu 'dieithriaid'. Mae'n arwyddocaol felly fod Saunders Lewis, a wnaeth gymaint i hybu achos cenedlaetholdeb Cymreig, wedi ei fagu mewn lle a'i enw'n golygu 'ynys o Gymry' ynghanol y môr o

FFYDD A GWREIDDIAU SAUNDERS LEWIS

Saeson o'i gwmpas.

Wnaf i ddim manylu ar hanes bywyd Saunders Lewis, gan mai ar ei farddonieth grefyddol y gofynnwyd i mi siarad heno a dydy amser ddim yn caniatáu i mi sôn am lawer mwy na hynny. Mae'n amhosibl gwneud cyfiawnder â barddoniaeth Saunders Lewis mewn rhyw dri chwarter awr. Yn wir rydw i'n teimlo ei bod hi'n amhosibl i mi wneud cyfiawnder â hi o gwbl ac mi rydw i'n ddyledus i astudiaethau a wnaed gan ysgolheigion megis Gwyn Thomas, Bruce Griffiths, Geraint Gruffydd, Bobi Jones ac eraill. I ddeall barddoniaeth Saunders Lewis o gwbl rhaid crybwyll rhai o ddigwyddiadau allweddol ei fywyd a oedd yn llawn o baradocsau. Cafodd ei eni yn Lloegr, derbyniodd ei addysg mewn ysgol fonedd yn Lloegr ac mewn prifysgol yn Lloegr – graddiodd gyda gradd dosbarth cyntaf yn yr iaith Saesneg ond *efô* yn anad neb arall yn yr ugeinfed ganrif a wnaeth i'r Cymry fod yn ymwybodol o'u gwreiddiau a'u cenedligrwydd, efô yn anad neb arall a wnaeth iddyn nhw deimlo bod ganddyn nhw hunaniaeth a'u gwneud yn ymwybodol o'u Cymreictod, fel ffactor ar wahân i'w Prydeindod, ac i ystyried Cymru'n gyfartal â Lloegr yn yr uned Ewropeaidd ehangach na'r Deyrnas Unedig. Cafodd ei eni a'i fagu yn fab i Weinidog gyda'r Hen Gorff ond mi orffennodd ei oes yn Babydd. Er na chafodd ei dderbyn i Eglwys Rufain yn swyddogol tan 1932 (pan oedd tua 40 oed) roedd y tueddiadau yna ymhell cyn hynny. Ysgrifennodd erthygl i'r Cymro yn 1919 (12 Chwefror) o dan yr enw Lieut. J S Lewis. Teitl yr erthygl oedd 'Rhufain – Yr Ymweliad Cyntaf:

A sylwch fod yn y cyfuniad hwn o eglwys a chelf gynysgaeth ddiail i wareiddiad. Canys undeb annileadwy y byw a'r marw mewn un corff, dyna gryfder – i mi dyna

Dr Owen Thomas 1812-1891, taid Saunders

Dr John Thomas, brawd Owen Thomas

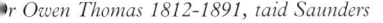
Mary a Lodwig Lewis, rhieni Saunders

Mam Saunders Lewis

Y tri brawd, Owen, Ludwig a Saunders

Y teulu

...elod o Corps y Swyddogion

J.S. Lewis

Margaret Gilcriest

Lascalles Abercrombie

Yr Athro Oliver Elton, Athro Saesneg Prifysgol Lerp

Cartref J Saunders Lewis yn Liscard fel ag y mae heddiw

Y plac dwyieithog

Mair Saunders Jones yn dadorchuddio'r plac 21 Chwefror 2001 a'r golygydd yn edrych ar

MYFYRDOD AR FARDDONIAETH GREFYDDOL SAUNDERS LEWIS

ogoniant diderfyn – yr eglwys gatholig. A thrwy weled mewn aml un o'i ddefodau a'i hathrawiaethau, megis ei hathrawiaeth o weddi dros y marw, drefn i gadw ym mryd yr eglwys ar y ddaear ei rhan fythol gyda'r eglwys dan y ddaear, y mae inni ddeall ac iawn-farnu ei disgyblaeth feddyliol. Yr eglwys yw trysorfa'r hanner o holl atgofion gwareiddiad. A'r celfyddydwyr a geidw'r hanner arall.

Ym mis Awst 1923 cynhaliwyd Ysgol Gwasanaeth Cymdeithasol Cymru yn Llandrindod. Traddodwyd darlith gan Saunders Lewis ac ar ôl cyfeirio at yr ysgol honno fel un a oedd yn trin problemau cymdeithas o safbwynt Cristion a Phrotestant dyma a ddywedodd:

Ni soniaf i ddim llawer am duedd diwinyddiaeth y blynyddoedd hyn. Yn unig gellir dywedyd yn bendant bod yr hen ddiwinyddiaeth a ddisgrifiodd Thomas Charles Edwards yn ei araith ar 'Religious Thought in Wales' yn prysur ddiflannu. Beirniadaeth lenyddol ar y Beibl yw diddordeb amlycaf diwinyddion heddiw, ond nid diwinyddiaeth yw hynny. Fe ymddengys i mi mai'r duedd at amhendantrwydd credo yw prif nodwedd diwinyddiaeth, – y cyflwr meddwl a elwir yn 'modernism'. Os gwir hynny, mi feiddiaf ddywedyd nad oes dim rhinwedd ynddo; y mae meddwl amhendant, neu ymgais yn y niwl at gymrodedd rhwng hen gredo a gwyddoniaeth, yn destun dirmyg i bawb a garo eglurdeb. Byddai'n dda pe darllenai diwinyddion Cymru sylabus y Pab Pius IX ar 'Brif gyfeiliornadau ein hoes ni' fel y gwelent gadernid a harddwch meddwl pendant a chlir.

FFYDD A GWREIDDIAU SAUNDERS LEWIS

Ond â'n bellach hyd yn oed na hynny yn ei gondemniad o Anghydffurfiaeth y cyfnod sydd yn ei dyb o yn 'offeryn yn nwylo Llywodraeth Lloegr', a hynny yn bennaf am nad oedd ei harweinwyr wedi siarad yn erbyn y Rhyfel Mawr neu'r Rhyfel Byd Cyntaf. Dwn i ddim i ba raddau yr oedd yr Eglwys Babyddol wedi siarad yn erbyn y rhyfel chwaith ond Ymneilltuaeth yw gwrthrych ei feirniadaeth. Cred fod:

> *cyfnod Ymneilltuaeth ar derfynu. Y mae ei hanes y blynyddoedd diwethaf yn rhy druenus, ei hansicrwydd ynghylch credo Cristionogaeth, a phylni ei chydwybod, a'r hen agendor rhyngddi a diwylliant. Diau y bydd byw am genhedlaeth arall yn sefydliad cymdeithasol, yn gyfleustra eisteddfodau, cwmnïau drama, cyfarfodydd llenyddol, a chyngherddau pentrefi a chlybiau pêl-droed. Ond prin iawn y bydd iddi le bellach ym meddwl nac yn llenyddiaeth Cymru; ac yn ein hoes ni, ni lefara hi ddim mwyach ag awdurdod.*

Dim rhyfedd i ohebydd *Y Faner* ddweud bod y rhan fwyaf o siaradwyr yr Ysgol yn teimlo bod Mr Lewis yn beirniadu'n rhy hallt. Ond roedd yna lawer o wirionedd yn yr hyn a ddywedodd Saunders Lewis. Mae'n bwysig i'r Eglwys Gristionogol siarad ag awdurdod a chynnal traddodiad. Yn wir, cadw traddodiad yw cryfder a chyfrinach llwyddiant yr ysgolion Eglwysig, yr ysgolion Iddewig, yr ysgolion Mwslemaidd, yr ysgolion Cymraeg; efallai pe bai'r Eglwysi Rhyddion wedi sefydlu ysgolion tebyg, er mwyn rhoi parch ac urddas a pharhad i'r achos ymneilltuol, y byddent wedi gallu atal y trai yn nifer yr aelodaeth. Roedd Saunders Lewis wedi gweld pwysigrwydd traddodiad a chyffes ffydd bendant dros

MYFYRDOD AR FARDDONIAETH GREFYDDOL SAUNDERS LEWIS

ddeg a thrigain o flynyddoedd yn ôl, ond ei wawdio a'i feirniadu a gafodd ar y pryd. Er enghraifft, dyma'r Parchedig Francis Roberts, Lerpwl, yn dychanu'r pwyslais a roddai Saunders Lewis ar draddodiad gyda'r geiriau hyn:

> *Dull y tadau o amaethu oedd y gorau o ddigon ar yr egwyddor yna ... I'r gad i amddiffyn y ffyst bren a'r pladuriau, chwi dyddynwyr gwladgarol!*

Dyn gwahanol i'w gyd-feirdd a'i gyd-lenorion felly oedd Saunders Lewis a mynegir y gwahanrwydd hwn yn arbennig o gelfydd gan R Williams Parry yn ei soned ddychanol i J S L. Nid dychanu Saunders Lewis ei hun a wnaeth ond yn hytrach y Cymry hynny a'i gwrthododd ar ôl iddo, yng nghwmni D J Williams a Lewis Valentine, roi'r ysgol fomio ym Mhenyberth ar dân. Carcharwyd y tri ond collodd Saunders Lewis ei swydd fel darlithydd yn Adran y Gymraeg, Coleg Abertawe. Teimlai Williams Parry yn gryf iawn y dylai fod wedi cael mwy o gefnogaeth gan Brifysgol Cymru am ei aberth, a chanodd fel hyn:

Disgynnaist i'r grawn ar y buarth clyd o'th nen
    Gan ddallu â'th liw y cywion oll a'r cywennod;
A chreaist yn nrysau'r colomendy uwch dy ben
    Yr hen, hen gyffro a ddigwydd ymhlith colomennod.

Cyfeiria ato fel 'gwrthodedig ffôl' a dweud:

                        canys gwae
Aderyn heb gâr ac enaid digymar heb genfydd:
Hanfod o'r un cynefin yng nghwr yr un cae –
    Heb gorff o gyffelyb glai na Duw o'r un defnydd.

FFYDD A GWREIDDIAU SAUNDERS LEWIS

Mae Saunders Lewis yn mynegi'r gwahanrwydd hyn yn glir iawn yn ei gerdd 'I'r Sagrafen Fendigaid'. Dywed fel is-deitl: 'Ar ymweliad nifer o'm cyfeillion gwrth-babyddol ag eglwys gatholig'.

> *Y rhain, a ddaeth i'th dŷ —*
> *Ac eistedd yn lled-ofnus a hanner hy*
> *Heb gyfarch gwell i'r Perchen na gostwng glin,*
> *O Feistr Perchentyaeth, na boed flin*
> *Gennyt eu hanfoes.*

Â ymlaen i ddweud nad oedd y cyfeillion gwrth-babyddol hyn yn gwerthfawrogi arwyddocâd y delweddau yn yr eglwys o gwbl ac iddynt ystyried y 'Santes Teresa fel darlun ffasiynau yn *Vogue*'. Neu yn fwy deifiol byth :

> *Y rhain ddaeth dan dy do*
> *Megis i stafell lofruddion Madam Tussaud.*

Chafodd Saunders Lewis mo'r parch a haeddai yn ystod ei fywyd ac yn sicr ni chafodd ei farddoniaeth mo'r sylw a haeddai, efallai am ei bod mor wahanol i'r rhan fwyaf o farddoniaeth Gymraeg fodern, sy'n anghydffurfiol o ran y syniadau crefyddol a fynegir ynddi hi ac yn werinol yn ei syniadau gwleidyddol. Mae barddoniaeth Saunders Lewis ar y llaw arall yn Babyddol yn ei diwinyddiaeth ac yn glasurol yn nhraddodiad yr Oesoedd Canol o ran ei naws. Fe ddywed yn *Byd a Betws*: 'Cerddi dychan a mawl a geir yn y pamphledyn hwn.' Dywed hefyd eu bod yn gais i ddatgan yng nghanol y rhyfel (1941), argyhoeddiad ynghylch dwy gymdeithas a dau draddodiad, 'y ddau beth a ystyriaf bwysicaf yn argyfwng ein dydd', hynny yw – y byd a'r eglwys. Roedd rhai o'r cerddi hyn wedi

MYFYRDOD AR FARDDONIAETH GREFYDDOL SAUNDERS LEWIS

ymddangos mewn cylchgronau cyn eu cyhoeddi yn *Byd a Betws* ac wedi cael eu beirniadu — weithiau'n llym, oherwydd eu syniadau. Ond fel y dywedodd Saunders Lewis: 'Dyna'n union y math o feirniadaeth sy'n werthfawr gennyf.'

Mae hyd yn oed y cerddi sy'n ymwneud â'r byd mewn rhyw ffordd yn grefyddol, gan fod Saunders Lewis yn edrych ar bethau o safbwynt y Cristion. Cymerwch ei gerdd 'Dilyw 1939', er enghraifft. Yn hon, mae'r bardd yn edrych ar broblemau cymdeithasol, politicaidd ac economeg Cymru ac Ewrop ac yn ymdrin â nhw o safbwynt Cristionogol. Fel llawer o gerddi Saunders Lewis, byddai ei thrafod yn fanwl yn destun darlith ynddi ei hun. Serch hynny, dwi am ei chrybwyll yn frysiog. Yn y gerdd hon mae Saunders Lewis yn rhoi darlun digalon iawn o'r dirwasgiad yng Nghymru ac o gyflwr trychinebus y byd gorllewinol o gwymp Wall Street 1929 hyd at y digwyddiadau oedd yn arwain at yr Ail Ryfel Byd. Nid yw'n rhoi'r bai ar unrhyw system economaidd arbennig ond ar ddyn ei hun, ac nid yw'r werin yn osgoi ei feirniadaeth.

> *A'r frau werinos, y demos dimai,*
> *Epil drel milieist a'r pool pêl-droed,*
> *Llanwodd ei bol â lluniau budrogion*
> *Ac â phwdr usion y radio a'r wasg.*

Oherwydd darnau fel hyn mae mwy nag un beirniad wedi cyhuddo Saunders Lewis o fod yn snobyddlyd ac o ddiffyg cydymdeimlad â'r werin, ond efallai trwy wneud i'r werin gymryd rhywfaint o gyfrifoldeb am ei thynged ei hun y mae'n rhoi gwir gydraddoldeb iddi. Doedd o ddim yn ddiffygiol o gydymdeimlad yn ei weithredoedd nac mewn darnau eraill o'i farddoniaeth chwaith. Yn yr un gerdd sonia am y 'mamau hesbion a'u crin fabanod' ac â ymlaen i ddisgrifio coesau plant bach yn tyfu'n gam oherwydd diffyg bwyd maethlon. Sylwer hefyd ar y llinell hon sy'n llawn cydymdeimlad, er gwaethaf y dychan sydd ynddi: 'Rhoed pensiwn yr hen i fechgynnos y dôl'. Mae'n gorffen ar nodyn o anobaith llwyr: 'Dilyw anobaith yw ein dylaith du', meddai, gan gysylltu'r gerdd â'r teitl, sy'n dwyn i gof y disgrifiad o gyflwr y byd cyn y Dilyw a geir yn y chweched bennod o lyfr Genesis. Y gwahaniaeth yw nad 'dyfroedd dilyw' y tro hwn sy'n 'difetha pob cnawd' ond 'sŵn tanciau'n crynhoi'.

> *Dilyw anobaith yw ein dylaith du.*
> *A thros y don daw sŵn tanciau'n crynhoi.*

ac ar y nodyn digalon yna, mae'r gerdd yn gorffen.

Enghraifft o un o'i gerddi yn ymwneud â'r byd yw'r 'Dilyw', ond yng nghanol y rhyfel, pan gyhoeddwyd *Byd a Betws*, yr unig beth a roddai obaith i ddyn oedd y ffydd Gristionogol. Gwelir datganiad o'r ffydd hon yn 'Pregeth Olaf Dewi Sant':

> *Frodyr a chwiorydd, byddwch lawen,*
> *Cedwch y ffydd a gwnewch y pethau bychain*
> *A welsoch ac a glywsoch gennyf i.*

Mae'r geiriau hyn bob amser wedi bod yn gysur i'r rhai sy'n ymladd dros achosion lleiafrifol. Ac yr oedd Saunders Lewis ei hun yn barod i wneud yr hyn a allai heb ofidio am lwyddiant neu ddiffyg llwyddiant, cyn belled â bod yr achos yn un cyfiawn. Mae'n werth edrych yn fanylach ar y llinellau sy'n cloi'r darn:

> *Bu'n ddychryn gan haneswyr reol Dewi*
> *A chwip Eifftaidd ei ddirwest a'r iau drom,*

MYFYRDOD AR FARDDONIAETH GREFYDDOL SAUNDERS LEWIS

Gwledig y saint, gorwyr Cunedda a'r porphor,
Ond ei eiriau olaf, y bregeth nythodd yng nghof
Gweddïwyr glannau Teifi drwy ganrifoedd
Braw, drwy ryfel, dan guwch y cestyll fwltaraidd,
Drwy'r oesoedd y bu'r ceiliog rhedyn yn faich,
Geiriau morwynig ŷnt, tynerwch lleian,
'Ffordd fach' Teresa tua'r puro a'r uno,
A ffordd y groten dlawd a welodd Fair yn Lourdes.

Yn y llinellau hyn gwelir dylanwad y Beibl, dylanwad llenyddiaeth a hanes Cymru ac yn bennaf oll ddylanwad Pabyddiaeth; a'r cwbl wedi ei gymhwyso i gyflwyno'i neges, sef bod pob ymdrech yn werthchweil pa mor fychan bynnag ydyw.

Dwy gerdd arall yn y gyfrol *Byd a Betws* sy'n werth edrych arnyn nhw yw 'I'r Lleidr Da' ac 'Y Saer'. Mae 'I'r Lleidr Da' yn adnabyddus iawn ond nid felly 'Y Saer'. Dwn i ddim pam — mae'n gerdd odidog. Efallai ei bod yn rhy babyddol yn ei syniadau. Neges y gerdd 'I'r Lleidr Da' yw ffydd ddiamheuaeth, anfeirniadol. 'Welodd y lleidr erioed mo Grist yn ei ogoniant ac eto roedd yn credu y tu hwnt i amheuaeth fod Crist yn Frenin y Gogoniant.

> Rex Judaeorum*; ti gyntaf a welodd y coeg*
> *Gabledd yn oracl byw,*
> *Ti gyntaf a gredodd i'r Lladin, Hebraeg a Groeg,*
> *Fod crocbren yn orsedd Duw.*

Ffydd yw thema 'Y Saer' hefyd ond ffydd yn anllygredigaeth y Forwyn Fair, yr *Immaculate Conception*, sef y gred fod Mair wedi ei geni yn ddifrycheulyd – cred a fabwysiadwyd gan Eglwys Rufain mor ddiweddar â 1854. Efallai oherwydd y ddogma Babyddol hon nad ydi wedi cael y sylw a haedda a lle mewn detholiadau o farddoniaeth. Byrdwn y gerdd yw cynddaredd Joseff pan ddarganfu fod ei ddyweddi'n feichiog, ac yntau wedi credu mai 'wyry ddiwair' oedd hi. Pwysleisia'r bardd anllygredigaeth Mair trwy ddefnyddio geiriau megis 'gwylder, pur, di-nam'. Mae'r gerdd hefyd yn berffaith yn ei chynildeb. Mynegir amheuaeth Joseff nad oedd ei ddyweddi yn forwyn gyda'r geiriau hyn:

Canfu ar draws ei lwynau
Amlinell y fam.

Gwelir yr un ddawn i ddewis geiriau'n ofalus ar ddiwedd y gerdd. Mae Joseff yn derbyn datganiad a phroffwydoliaeth yr angel fel peth naturiol hollol ac yn mynd ati i baratoi mewn ffordd ymarferol i dderbyn 'Y mab... a roddwyd o'r Ysbryd Glân'.

Ac ar wlith yr oedd heulwen
Pan aeth y saer i'w weithdy
O'i freuddwyd yn fud,
A llifodd hardd gedrwydden,
A'i llyfnu'n deg a'i llathru
Ac ar y gain estyllen
Gwnaeth gynllun o grud.

Beth bynnag eich barn am ddiwinyddiaeth Saunders Lewis, ni ellwch beidio â gwerthfawrogi ei grefft ac mae ei grefft yn dod i'r amlwg yn y gerdd 'Difiau Dyrchafael'. Yn hon mae'r bardd yn canu i ysblander byd natur ac yn gweld yr holl greadigaeth yn offeren i Dduw. Mae'r greadigaeth yn berffaith nes iddi gael ei halogi gan ddyn. Mae'n defnyddio iaith a ddefnyddiwyd fel arfer i ddisgrifio pethau sy'n ymwneud â'r Eglwys yn gyffredinol ac â'r cymun

MYFYRDOD AR FARDDONIAETH GREFYDDOL SAUNDERS LEWIS

bendigaid yn arbennig, er mwyn disgrifio byd natur. Cyfeiria at 'y wenwisg loyw ar ysgwyddau'r ddraenen', at 'emrallt y gwellt', ac at 'ganhwyllbren y gastanwydden'. Mae'r 'perthi'n penlinio', mae'r fedwen fel lleian a'r 'rhith tarth yn gwyro o thuser y dolau'. Mae defnyddio geiriau allan o'u cyswllt arferol fel hyn yn rhoi arbenigrwydd iddynt ac yn creu barddoniaeth gofiadwy.

Yn y gerdd hon gwelir dylanwad cyfrinwyr yr Oesoedd Canol ar Saunders Lewis – Meister Eckhart yn arbennig. Roedd Eckhart yn defnyddio delweddau'n ymwneud â phriodas i geisio esbonio perthynas Duw a dyn. Yr enaid oedd y briodferch a Christ oedd y priodfab – y math o ddelweddau cyfriniol a oedd yn tarddu yn y pen draw o *Ganiadau Solomon*. Ond clywch y defnydd a wna Eckart o'r delwedd 'cusan' yn un o'i bregethau:

> *The soul's mouth is the highest part of the soul, and she means this when she says: 'He has put His word into my mouth'; that is the kiss of the soul, where mouth has come to mouth; there the Father bears His Son in the soul ...*

Dywed ymhellach:

> *In the first touch with which God touched the soul and continues to touch her as uncreated and uncreatable, there through God's touch, the soul is as noble as God Himself is.*

Onid dyma ffynhonnell 'A'r Tad yn cusanu'r Mab yn y gwlith gwyn'? Mor wahanol i'r llawenydd hwn yw'r 'anobaith' a wêl rhai beirniaid llenyddol yn y gerdd 'Gweddi'r Terfyn' a gyhoeddwyd gyntaf yn

FFYDD A GWREIDDIAU SAUNDERS LEWIS

Y Traethodydd, Hydref 1974. Ymddengys yn gerdd anodd ond yn ffodus mae Saunders Lewis ei hun wedi taflu goleuni arni mewn erthygl yn un o gyfrolau'r *Tyst*. Wrth gyfeirio at eiriau Iesu Grist, 'Yn nhŷ fy Nhad y mae llawer o drigfannau', ac fel ffordd y Gwaredwr o esbonio sut le oedd y nefoedd, dywed y bardd:

> *Cyn dloted â ninnau, yr un mor ddaearol gyfyng*
> *Oedd ei ddychymyg yntau yn nyddiau yr ymwacâd.*

Cred rhai fod Saunders Lewis trwy'r geiriau hyn yn gwadu hollalluowgrwydd y Duwdod ond i Saunders Lewis does 'na ddim byd yn ddiwinyddol anghywir mewn dweud bod athrylith Crist yn ddiffygiol mewn geiriau i fynegi gogoniant y nefoedd. Os oedd Crist wedi ymwacáu o'i dduwdod a chymryd arno agwedd dyn, yna roedd yn hollol resymol i gredu nad oedd yn medru sôn am ei brofiadau ac eithrio yn nhermau profiad dyn.

Yn ail ran y gerdd hon dywed ein bod ninnau hefyd yn defnyddio delweddau o'r byd hwn i ddisgrifio esgyniad Crist i'r nef. Yma ceir delweddau o'r byd clasurol hefyd:

> *Cadfridog a'i orfoledd drwy ddinas Rufain*
> *Wedi'r enbydrwydd mewn Persia o greadigaeth*
> *A'i goroni'n Awgwstws, Cyd-Awgwstws â'i Dad.*

Yna dywed 'mor ddigri yw datganiadau goruchaf ein ffydd'. Defnyddia'r gair 'digri' i gyfleu'r syniad nad yw'n hiaith ni ddim yn ddigonol i esbonio'r Esgyniad – ac i Saunders Lewis mae'r Esgyniad yn symbol o undod Duw'r Tad, Duw'r Mab a Duw'r Ysbryd Glân.

MYFYRDOD AR FARDDONIAETH GREFYDDOL SAUNDERS LEWIS

Yn y drydedd ran o'r gerdd dywed fod dysgeidiaeth rhai o ddiwinyddion yr Oesoedd Canol am weddi wedi bod yn agoriad llygad iddo ac iddo ddefnyddio peth o'u geirfa yn y gerdd hon. Cyfeirio'r oedd o at ddynion fel Eckhart, Tauler, Suso a Ruysbroek. Gwelir ôl dylanwad Eckhart yn y syniad o fudandod a diddymdra. Yr hyn a ddywed Eckhart yw na ellir diffinio'r enaid yn nhermau delweddau, a chan nad oes delwedd yn perthyn i'r enaid, yna mae'r enaid yn lle y gall Duw drigo ynddo:

> *Therefore you have to be and dwell in the essence and in the ground, and there God will touch you with his simple essence without the intervention of any image. No image represents and signifies itself: it always aims and points to that of which it is the image ... And therefore there must be a* **silence** *and a* **stillness**, *(fy italeiddio i), and perform His works free from all images and the Father must speak in that, and give birth to his son.*

Dywed eto am Dduw:

> '*He is pure nothingness . . . . : he is neither this nor that. If you think of anything he might be, he is not that.*'

Mewn geiriau eraill, mae iaith yn gwbl annigonol i ddisgrifio Natur Duw. Rhaid mynd at Dduw trwy ddisgyblaeth lem gweddi, heibio i eiriau, i fudandod a thawelwch gweddi. Dywed Saunders Lewis fod rhai diwinyddion Catholig yn amau a ellir gwneud hynny ond mae Morgan Llwyd yn dweud mai'r un yw'r profiad hwn â phrofiad marw. A dyna lle cafodd Saunders Lewis y llinell olaf. Gall marw fod yn brofiad tebyg, mynd yn fud at y mud, a bod marw ei hun yn weddi – gweddi'r terfyn. Ymddengys felly mai dyna neges y gerdd 'Gweddi'r Terfyn' – yr enaid yn dychwelyd at Dduw, yr hwn a'i rhoes ef.

Dydy amser ddim yn caniatáu i mi drafod cerddi crefyddol Saunders Lewis i gyd ond hoffwn i ddim gorffen heb sôn am ei gerdd fawr 'Mair Fadlen'. Yn ôl yr Athro Bobi Jones, hon yw cerdd Gymraeg fwya'r ugeinfed ganrif. Dweud go fawr. Dydw i ddim yn ddigon hyddysg ym marddoniaeth Gymraeg ddiweddar i gytuno neu i anghytuno ag ef, ond rydw i'n cytuno ei bod hi'n gerdd fawr ac y gellid treulio awr neu fwy yn ei thrafod. Ond hoffwn dynnu eich sylw at un neu ddau o bethau cyn gorffen. Gellir mwynhau'r gerdd hon ar lefelau gwahanol. Gellwch chi ei darllen yn arwynebol a'i mwynhau fel disgrifiad o deimladau Mair Magdalen y bore ar ôl croeshoelio Iesu Grist, neu fe ellwch ei dehongli fel disgrifiad o bererindod y pechadur ar ei ffordd i sancteiddrwydd. Mae gan yr Athro Geraint Gruffydd erthygl ddiddorol iawn ar y gerdd hon, lle y mae'n dweud ei bod hi'n goleuo, nid yn unig yrfa Mair ond gyrfa unrhyw berson a alwyd gan Dduw i fod yn sant, yn ôl dealltwriaeth Eglwys Rhufain o'r gair hwnnw. Mae Saunders Lewis yn tynnu ar S. Ioan y Groes, cyfrinydd o Sbaen, am beth o'i ieithwedd. Man cychwyn pererindod y sant yw ymwrthod â mwyniannau'r cnawd a'r synhwyrau. Enw'r cyflwr hwn, yn ôl St Ioan y Groes, yw 'Nos y Synhwyrau' a dyna'r cyflwr y mae Mair ynddo yn y gân hon. Yn ei gyfrol *Esgyn Mynydd Carmel* mae Ioan y Groes yn disgrifio'r dull a'r ffordd y mae'n rhaid i'r enaid eu dilyn er mwyn mynd i mewn i'r nos synhwyrau hon. Dyma gyfieithiad Bobi Jones:

> *Er mwyn gallu ymblesera ym mhopeth,*
> *Dymuna beidio ag ymblesera mewn dim.*

MYFYRDOD AR FARDDONIAETH GREFYDDOL SAUNDERS LEWIS

Er mwyn gallu meddiannu popeth,
Dymuna beidio â meddiannu dim.
Er mwyn gallu bod yn bopeth
Dymuna beidio â bod yn ddim byd
Er mwyn gallu gwybod popeth,
Dymuna beidio â gwybod dim.

Er gwaetha'r ffaith fod Saunders Lewis yn tynnu ar ddiwinyddiaeth Pabydd o gyfrinydd, 'dydw i yn bersonol ddim yn gweld llawer iawn o wahaniaeth rhwng ymdrech Mair at ymwrthod â serch cnawdol ac ymdrech *'Theomemphus'* i ymwadu â'i nwydau pechadurus yntau yng ngherdd fawr Williams Pantycelyn ar y teitl Theomemphus. Y gwrthdaro rhwng serch cnawdol a sancteiddrwydd yw thema'r gerdd — thema sy'n dod i'r amlwg mewn gweithiau eraill o eiddo Saunders Lewis megis *Monica, Blodeuwedd* a *Siwan*. Ceir yr un syniad gan Bantycelyn yn ei emyn adnabyddus:

Tro fy nwydau fel cantorion
Oll i chwarae â'u bysedd cun
Ar y delyn sydd yn seinio
Enw Iesu mawr ei hun.

Hynny yw, mae Williams yn erfyn ar i Dduw ddyrchafu ei nwydau i bwrpas uwch na chwant cnawdol a'u defnyddio i ymserchu yn Nuw. Yn 'Mair Fadlen', mae Mair yn caru Iesu Grist â chariad cnawdol. I gyrraedd perffeithrwydd, mae'n rhaid iddi ymwadu â'r elfen gnawdol a'i dyrchafu i fod yn ysbrydol. Sylwch ar is-deitl y gerdd, 'Na chyffwrdd â mi'. Clywch beth sydd gan Eckart i'w ddweud:

God is intellect which lives in knowledge of itself

> *alone, which remains within itself, where nothing has ever **touched** (fy italeiddio i) it, for there it is alone in its stillness.*

Ym mhennill cyntaf y gerdd mae'r bardd yn cyfeirio at boen Mair fel bedd wedi ei gloi. Does dim dianc oddi wrtho, does dim trai a llanw; môr marw ydyw heb symud ar ei ddyfnder. Mae'r boen yn parhau yn ddiderfyn ac yn ddidostur. Sonia wedyn am achos y boen. Mae Iesu Grist yn ei fedd a hithau'n dymuno bod yn y bedd gydag ef. Pan glywodd y gair 'Gorffennwyd', gair oedd yn taro ei chalon fel blaen cledd, roedd y cwbl wedi ei orffen iddi hithau hefyd. Ond yn yr ymadrodd, 'Mair yn myned tua'i hedd', ceir llygedyn bach o obaith. Ffordd gywasgedig iawn yw hyn o ddweud ei bod yn mynd tuag at Dywysog Tangnefedd.

Cysylltir y pennill hwn â'r un blaenorol trwy ailadrodd y gair 'gorffennwyd'. Sylwer ar y geiriau 'ceudod', 'pwll', 'pydew'. Maent i gyd yn golygu uffern, hynny yw, mae bywyd heb y Crist byw fel marwolaeth. Sylwer fel y mae'r geiriau 'Pasg' a 'Sabath', dyddiau cysegredig i'r Arglwydd, wedi eu gweu i mewn i'r pennill hwn, bron yn is-limynnol (a defnyddio gair yr Athro Bobi Jones), gan awgrymu bod yna lygedyn bach o obaith yng nghanol y tristwch i gyd. Yna mae Mair 'yng nghafn nos y synhwyrau', y cyflwr ysbrydol hwnnw y soniodd S. Ioan y Groes amdano. Sylwer fel mae Mair yn cael ei sancteiddio trwy ymwadu â'i synhwyrau a'i hamddifadu o bopeth oedd yn rhoi pleser cnawdol iddi:

> *Gwynnodd y gwallt mawr a sychasai ei draed,*
> *Gwywodd holl flodau atgo' ond y gawod waed.*

MYFYRDOD AR FARDDONIAETH GREFYDDOL SAUNDERS LEWIS

Ar ddechrau'r pumed pennill try'r bardd, fel y gwna'n aml, at lenyddiaeth glasurol Groeg am ei ddelweddau. Cyfeiria'n drosiadol at Mair fel 'Niobe'r Crist', hynny yw, cyffelyba hi i'r wraig honno a gafodd ei throi'n garreg, oherwydd ei thristwch ond a barhâi i wylo 'run fath. Sylwer ar y gair 'craig' – dwg i'r meddwl y graig honno yr oedd Sisyphus, cymeriad arall o chwedloniaeth glasurol Groeg, yn gorfod ei gwthio i gopa bryn uchel, ond i'w gweld yn rhowlio i lawr yr ochr arall, a hynny at dragwyddoldeb. Doedd dim terfyn ar ei gosb. Roedd yn rhaid iddo ddioddef ei boen am byth. Felly hefyd Mair. Ond ceir awgrym is-limynnol o obaith yma hefyd. Mae yna graig arall, sef Craig yr Oesoedd a all ei chodi o ddyfnder ei phoen a'i hanobaith.

Yn y chweched pennill dychwelir at y synhwyrau. Mae Mair am ail-fyw'r pleser o eneinio traed Crist. Sylwer ar y geiriau 'cusanu' a 'chyffwrdd' eto, geiriau y mae ystyr gyfriniol iddyn nhw yn ogystal ag ystyr lythrennol, fel y ceisiwyd dangos uchod wrth drafod syniadau Meister Eckhart. A'r gerdd rhagddi i ddweud bod Duw yn anhrugarog wrth unrhyw ddyhead sy'n rhwystro'r enaid rhag ei garu Ef. Sylwer ar yr iaith ffigurol: mae cariad Duw yn 'haearneiddio'r sant drwy gur ar gur', hynny yw mae Duw fel saer maen yn mowldio'r sant drwy boen i berffeithrwydd. Brwydr rhwng y corff a'r enaid a geir yma – hen thema o'r Oesoedd Canol, ond yn blith draphlith drwy'r pennill gwelir y geiriau 'caer', 'tref', 'ffau', llefydd lle y ceir lloches oddi wrth fwystfilod rheibus ac adar ysglyfaethus. Yr awgrym yw bod yna loches i'w chael i'r enaid hefyd oddi wrth chwantau'r cnawd, ond nid oedd Mair wedi sylweddoli hynny eto. Ni wyddai hi chwaith arwyddocâd daroganol ei gweithred yn eneinio traed Iesu Grist pan oedd yn fyw. Cysylltir y pennill hwn (yr wythfed) â'r un blaenorol trwy ein hatgoffa nad yw hi wedi llwyr ymwrthod â'i chwantau. Roedd hyd yn oed Thomas, a oedd yn llai haeddiannol na hi, yn cael cyffwrdd â Christ ond rhaid iddi hi bellach ymfodloni ar gyffwrdd â chorff Crist yn y cymun yn unig.

> *Câi Thomas roi llaw yn ei ystlys; ond hi, er ei hwylo,*
> *Mwyach dan drueni'r Bara y dôi iddi'r cnawd twn.*

Deuir at y presennol yn y nawfed pennill. Mae'r maen wedi ei symud oddi ar y bedd ac i gyfleu'r cynnwrf a greodd y darganfyddiad yna yng nghalon Mair, defnyddia'r bardd frawddegau byr dramatig ac ailadrodd y berfau 'rhed' a 'cred'.

> *Gwthia'i golygon tua'r ogof; rhed,*
> *Rhed at ei gweddill gwynfyd. Och, a gred,*
> *A gred hi i'w llygaid? Fod y maen ar lawr,*
> *A'r bedd yn wag, y bedd yn fud a moel;*
> *Yr hedydd cynta'n codi dros y foel*
> *A nyth ei chalon hithau'n wag a siêd.*

Yn ôl dehongliad yr Athro Bobi Jones, trosiad am y Crist byw yw'r 'hedydd' a'r 'foel' yw Mair. Ar y llaw arall, gellir dehongli'r llinellau hyn i olygu bod calon Mair yn wag fel y nyth y mae'r hedydd wedi codi ohono. Ceir awgrym cynnil iawn o'r Atgyfodiad hefyd yn y gair 'codi'.

Yn y degfed pennill ceir cymysgedd o ddelweddau o'r Beibl ac o chwedloniaeth Groeg. Delwedd gyffredin iawn am yr Ysbryd Glân a'r Eglwys yw 'colomen'. Mae Mair 'Mor unsain â cholomen yn ei chŵyn' ond mae hi hefyd fel Orffews yn galaru am Ewridicê. Caniatawyd i Orffews ddod â'i wraig yn ôl

MYFYRDOD AR FARDDONIAETH GREFYDDOL SAUNDERS LEWIS

o'r byd arall ar yr amod nad oedd yn troi i edrych arni cyn cyrraedd golau dydd. Cafodd ei demtio i edrych yn ôl i weld a oedd ei anwylyd yn ei ddilyn ai peidio; collodd ei ffydd, ildiodd i demtasiwn a chollodd ei Ewridicê hefyd.

Yn y pennill olaf daw'r pererindod ysbrydol i ben. Cyfleir ei throëdigaeth sydyn gyda phentwr o frawddegau byr, sy'n awgrymu cyflymder. Mae cariad Duw, sydd wedi ei hachub, yn gweithredu'n gyflym ac yn gryf fel Eryr, symbol o gadernid. Mae'r gerdd yn gorffen gyda galwad bersonol a hithau'n derbyn yr alwad.

a dywedodd Ef wrthi, 'Mair',
Hithau a droes a dywedodd wrtho, 'Rabboni'.

A dyna enghraifft arall o ymataledd a chynildeb iaith Saunders Lewis. Cerdd fwya'r ganrif? Efallai fod gwneud honiad felly yn ormodedd afradlon, ond rydw i'n credu o ddifrif fod 'Mair Fadlen' yn profi, yn anad yr un gerdd arall, wirionedd datganiad yr Athro Geraint Gruffydd yn ei Ragymadrodd i'r gyfrol *Cerddi Saunders Lewis* fod y bardd hwn 'yn un o'r athrylithoedd creadigol mwyaf a gafodd Cymru erioed'.

FFYDD A GWREIDDIAU SAUNDERS LEWIS

Llyfryddiaeth Fer

Bruce Griffiths, *Saunders Lewis* (Caerdydd, 1979)
Alun R. Jones a Gwyn Thomas (golygyddion),
 Presenting Saunders Lewis (Caerdydd, 1973)
Saunders Lewis, *Cerddi* (Caerdydd, 1992)

Cip ar Saunders Lewis yn ei theatr

Bruce Griffiths

Gwlad arall yw'r gorffennol: arall yw ei harferion hi. Yn 1924 yr oedd S.L., mab y Mans, un o linach o batriarchiaid yr Hen Gorff, yn hwylio i briodi Margaret Gilcriest, Eingl-Wyddeles a droesai'n Gatholig. Heddiw, anodd credu y gallai S.L. broffwydo (nid heb arlliw o falchder): "For certainly the Church and all Nonconformist south Wales will gossip a month and make my father's life uncomfortable a while" *(Letters to Margaret Gilcriest, t.540).* Derbyniwyd yntau i'r Eglwys Gatholig yn 1932. Gan dybio, yn gywir, y byddai Pabydd yn annerbyniol fel arweinydd plaid yug Nghymru, cynigiodd ymddiswyddo: nis derbyniwyd. Bu iddo gynnig ymddiswyddo chwe gwaith wedyn yn ystod y tridegau. Ni fuasai'r blynyddoedd y buasai wrthi'n ddiflino yn gwleidydda yn ddim ond rhwystr i unrhyw waith creadigol. Câi ddweud ei ddweud yn ei bamffledi, yn y cannoedd o ysgrifau yn *Y Ddraig Goch*, y *Welsh Nation* a chylchgronau eraill, ond mewn ysgrifau o'r fath, prin y gellid disgwyl unrhyw fynegiant o'i ddaliadau crefyddol.

Yn y cyfnod cyn y gwleidydda, mor gynnar â 1922, ceir yn *Gwaed yr Uchelwyr* awgrym o ddiddordeb S.L. yng Nghatholigiaeth. Ynddi edrydd yr arwr Rolant sut y buasai i'w gyndad a'i feibion ymladd dros y brenin yn y rhyfel cartref, ac yna "Gwrthododd y meibion gyfle i newid baneri a gwadu eu ffydd, a gorfu iddynt ddianc i Ffrainc". Ymetyb Luned gydag edmygedd:

"Meddyliwch, 'nhad, am y bechgyn hynny yn crwydro o fan i fan ar hyd y cyfandir yn hytrach na gwerthu ei ffydd ... mi garwn innau fy mhrofi fy hun yn un ohonynt hwy". Gadewir inni dybio felly, yn rhesymegol, mai Catholigion yw'r teulu o hyd; ceir rhyw awgrym o hynny yng ngeiriau Luned yn yr olygfa olaf: "Mi wnaf fy mywyd yn allor i atgofion fy nheulu. Mi fyddaf yn lleian i'm gwlad."

Yn y cyfnod ingol ar ôl Penyberth daeth pwl o greadigrwydd Catholig iawn ei naws. Ar adeg pan allai SL., am y tro cyntaf a'r olaf, deimlo iddo gael buddugoliaeth foesol ac ennyn gwladgarwch ac ymlyniad iddo ef ei hun, dyma gyfansoddi *Buchedd Garmon*, lle gwelir pleidiwr y gwir ffydd, cyn-swyddog milwrol (fel S.L. ei hun) yn trechu hereticiaid ac yn ymlid paganiaid o'r maes.

Eithr tân siafins fu brwdfrydedd y Cymry. O'r carchar aeth S.L. a'i deulu i dlodi yng nghefn gwlad Cymru, a phawb bron yn ei ystyried yn esgymun, ac eithrio cyd-Gatholigion megis teulu Wynne Garthewin a'i croesawai i'w haelwyd. Erbyn 1938 yr oedd y Wynniaid wedi agor theatr fach yng Ngarthewin gyda'r gobaith o genhadu dros y ffydd Gatholig trwy'r ddrama. Gellir tybio mai ar gyfer y theatr honno y cyfansoddwyd *Amlyn ac Amig*, ond fe ddaeth y rhyfel a bu'n rhaid cau'r theatr. Pan gyhoeddwyd hi yn 1940, aeth Robert Wynne ati i'w chyfieithu gan ei bod, yn ei dyb ef, yn cynnwys hanfodion pob drama dda, sef crefydd a'r bywyd ysbrydol. "Ymddengys, o'i ysgrif ar y ddrama yn *Dock Leaves* (Gaeaf 1954) mai'r elfen, grefyddol a Chatholig a ddenodd Robert Wynne ... (H.Walford Davies, *Saunders Lewis a Theatr Garthewin*, t.67)

Afraid yma restru'r elfennau hynny sy'n rhoi ei naws Gatholigaidd i'r ddrama, sy'n diweddu'n llawen gyda phawb yn mynd i addoli mab Mair wrth y preseb yn sŵn *Adeste fideles*. Meddai'r awdur, "Argyfwng a thröedigaeth Amlyn yw pwnc fy nrama i" ac ar yr olwg gyntaf prin y ceid dim mwy uniongred. Eithr mae iddi graidd neu galon o dywyllwch enbyd annifyr. Yn yr ail ran clywir llais goruwchnaturiol, llais yr angel Raffael, yn rhoi neges erchyll i Amig: y dylai erchi i Amlyn ladd ei blant ac iro ef, Amig, â'u gwaed er mwyn ei iacháu o'r gwahanglwyf. Clybuwyd y llais gan Amlyn hefyd, felly nid yn nychymyg Amig y bu: ond ni chlywodd Amlyn mo'r neges. Rhaid iddo orfodi Amig i ailadrodd y neges, gan ddweud yn ffyddiog: Os Duw piau'r neges, ni all Duw addo drwg". Pan glyw'r neges, cyhudda Amig o lunio celwydd o achos cenfigen; try i holi "sut y gwyddost ti mai angel oedd ... fedri di brofi i mi mai Raffael ydoedd" – peth na all Amig mo'i wneud: mater o ffydd yw. Arwain hyn at damcaniaeth iasol: pa sicrhad sydd nad dieflig oedd y llais o'r tu hwnt i reswm sy'n herio dynion i wneud pethau hollol hurt: "Onid a llais tebyg i lais dy gyfaill/ Y galwai diawl dy enw yn y tywyll ... Onid yn hytrach fel archangel nef / Yn dwyn it siars i brofi ffydd dy gyfaill / Y codai Diawl ddyhead cudd dy galon / yn alwad erchyll yn y nos." Ni all Amig ei sicrhau o ddim ond "Rhodio fel un a wêl, a gwybod nos y deillion/ Yw bywyd beunyddiol ffydd". Ond meddai Amlyn, ai Duw cyfiawn a daionus sy'n rheoli'r byd hwn, ac yn anfon y fath neges? "Os gwir a ddywedaist heno, malais sy ar orsedd y cread/Yn chwarae â'r ffyliaid o ddynion fel cath yn barnu ysgubor." Dyna leisio syniad Manicheaidd – mai'r Diafol sy'n rheoli'r byd hwn – a glywir eto yn *Brad*. Nid fel credadun ffyddiog y gweithreda Amlyn ond fel nihilydd mewn anobaith du a llwyr. Gweithred yw y gellid ei galw'n ddirfodol: mewn byd diystyr, gweithreda fel petai grym i'r llw, fel petai diben mewn ufuddhau i orchymyn erchyll. Delir ef gan lw sydd "yn fy nal yn gaeth wrth fy nhynged, ie petai anwir y nef/Am hynny, heb Dduw, heb ffydd, na gobaith na chariad/ Y tynnais fy nghleddyf o'r wain". Tyngwyd y llw a'i rhwymai wrth allor, ar greiriau, i Dduw: ond gan na chredai Amlyn yn Nuw bellach, pa rym a allai ei gymell er hynny? Yr ateb, debyg, yw anrhydedd, teyrngarwch i gyfaill. Nid oes a wnelo'r rhinweddau hyn ddim o reidrwydd ag unrhyw ffydd. Trwy wyrth, iacheir Amig, atgyfodir y plant ac fe gaiff Amlyn yntau dröedigaeth. Ond mewn gwirionedd, a yw'n ffaith y gwobrwyir pob ufudd-dod i orchymyn afresymol gan wyrth sy'n sicrhau diweddglo dedwydd? A gawsai Amlyn dröedigaeth pe na chawsai ei blant eu hatgyfodi? Nid yw coleddu ffydd yn gwarantu dyn rhag profedigaeth lem, a'r hyn sy'n drawiadol yma yw nos dywyll yr enaid, "nos y deillion" a'r "Duw di-wyneb", yn fwy na'r diweddglo gwyrthiol.

Yng ngweddill theatr S.L., ceir argyfyngau enbyd ond eithriad yw unrhyw elfen oruwchnaturiol ac eithriad yw diweddglo dedwydd. Yn wir, dwysáu a wna'r tywyllwch a oedd wrth graidd *Amlyn ac Amig*. Dro ar ol tro, codir y cwestiwn: sut mae egluro dioddefaint y diniwed a'r daionus, a llwyddiant y drygionus yn y byd hwn? Sut y gall Duw daionus a chyfiawn ei ganiatáu? Ynteu a yw'n analluog i atal y peth? A ellir bod yn sicr o fodolaeth Duw? Ac os oes Bod Mawr, tybed nad daionus ond drygionus yw? I'r cwestiynau hyn ni chynigir unrhyw ateb uniongred, slic (e.e. sôn am ddioddefaint ac angau fel cosbau am bechod gwreiddiol dynolryw). Yn hytrach, cyfaddefir bod Duw yn "ddiwyneb" a bod gweddi'r Cristion yn "ddi-ateb". Eir at hanfod y peth trwy ddefnyddio dadl enwog Pascal, *le pari*, y gambl: gellir gamblo nad oes Duw: nid oes dim i'w ennill, mae popeth i'w golli.

CIP AR SAUNDERS LEWIS YN EI THEATR

Gellir gamblo bod Duw yn bod: mae popeth i'w ennill, a'r golled ddichonol yn un a geid pa un bynnag.

Yn *Gymerwch chi sigarét?*, mae Iris trwy ei llw yn ceisio achub enaid Marc, ei hanffyddiwr o ŵr (fel y defnyddiwyd Amig i roi i Amlyn "gael bod yn sant"). Ond y tro hwn, er i rym llw Iris rwystro Marc rhag bod yn llofrudd, collir Iris a'i phlentyn anenedig, ac nid oes atgyfodiad na fawr o gysur. Mewn anobaith du, crefa Marc ar Phugas am sicrwydd bod Duw. Etyb hwnnw: "Mae gwybod yn amhosibl. Does neb yn gwybod fod Duw. Rhodd yw credu. Nid pawb sy'n cael y rhodd ... 'Does dim yn aros ond gamblo" ac â ymlaen i draethu dadl Pascal. Yng ngwres y funud, gwna Marc yntau adduned: "Os clywa'i ei llais hi ar y teleffon a hithau'n ddiogel, mi roddaf innau fy mywyd i Dduw! " Yn eironig a chreulon, caiff glywed ei llais, ond am y tro olaf. Gwelir ef yn cusanu'r groes ac yn derbyn swydd yn ymgyrch yr Eglwys, y fyddin gudd newydd, yn erbyn anffyddiaeth, yn hytrach nag ildio i'w anobaith neu ei ladd ei hun, ond chwerw a digysur yw'r darlun ar y diwedd.

Defnyddir dadl Pascal eto, gan Fordecai yn Esther, i'w darbwyllo i fentro ei bywyd i achub yr Iddewon: petai hi'n methu, ni fyddai ond yn colli bywyd y byddai yn ei golli pa un bynnag: ond gallai lwyddo. Y tro hwn gwobrwyir arwres fentrus a llwyddiant, yn erbyn Haman, cythraul mewn cnawd sy'n ymgorffori'r grym dinistriol sydd mor aml yn drech na'r daionus yn y byd hwn.

Cyfeirir eto at ddadl Pascal yn y Rhagair i *Cymru Fydd*: "Y mae gweddi ddi-ateb y Cristion (ddi-ateb, sylwer) yn gyngwystl mwy rhesymol heddiw na ffydd ddiobaith Marx. Y mae *pari* Pascal eto'n rhesymol. Efallai mai dyna'r pam y cymerodd y ferch yn fy nrama i yr enw Bet". Fe gefnodd Dewi ar grefydd, a dewis drygioni, a chael mai uffern oedd y carchar. Gan nad oes ganddo ffydd, a chan nad yw'n barod i fentro bod Duw, yna nid erys iddo ond hunanladdiad, yn unol â'i lw ar y Beibl nad âi'n ol i'r carchar doed a ddelo. Mae'n amlwg y gallai S.L. edmygu pobl fel Dewi, pobl ac ynddynt ddigon o ruddin a dewrder i fynd i'r eithaf dros eu daliadau, anffyddiol neu beidio: "Ond os na fynnwn ni na hen ffydd Cymru erioed ... a ddywedwch chi wrthyf wedyn beth sy'n afresymol ym mywyd ac yn newis fy Newi i? Mae fy nghydymdeimlad i ar yr amodau hynny gyda'r llanc. " Felly'r un modd gyda'r teithiwr yn *Yn y Trên* sy'n ei daflu ei hun i'w dranc yn hytrach nag aros hyd ben y daith lle y cred nad oes ond distryw yn ei ddisgwyl. Yn *Cell y Grog* drachefn, clywir adlais o ddadl Pascal gan y Swyddog: "Yma mae'r casino. 'Rydyn ni'n chwarae am y dillad, a mae'r dillad a'r einioes yn un."

Eithr nid yw meddu ar ffydd yn ddigon ar ei ben ei hun: rhaid wrth wroldeb a menter. Yn achos *Brad*, gwelwn arwyr sydd, yn wahanol i Marc a Dewi, yn gredinwyr o ryw fath: Lutheriad oedd Von Hofacker er enghraifft: "Rwyf i'n rhyw fath o Gristion. Ond 'rwy'n credu fel ti, yr agnostig ... Mai nonsens y Diawl yw'r Fuehrer, offeryn y Cythraul i ddwyn dinistr ar yr Almaen ac ar Ewrop. Bargen Ffawst! Y Cythraul piau fe a'r Cythraul sy'n ei gadw ef. " Yn ei enau ef rhoddir y sylwadau Manicheaidd hyn: "I mi, mae'r Drwg yn berson, yn archangel, hynny yw, yn athrylith ysbrydol anfeidrol, ail i Dduw ei hunan ... Mae marc Archangel Caos ar y dyn (sc. Hitler), grym ac ewyllys dinistrio goruwchnaturiol, Archelyn dyn a Duw". Eithr nid oes gan y cynllwynwyr y rhuddin i wneud yr hyn sy'n iawn, yn eu golwg hwy dros eu gwlad; cyhuddir Kluge o "lechu mewn moesoldeb" pan ddywed "Fy nyletswydd i yw sefyll yn ffyddlon i'm llw" ond ni cheir yn y lleill ychwaith unrhyw rym penderfyniad; yn lle mentro, gyda rhyw obaith o lwyddo neu o leiaf o fethu'n anrhydeddus, ni wnânt ddim, gan fethu'n ddianrhydedd. '

Yr un yw'r sefyllfa yn 1938: dynion da eu bwriad na feiddiant wneud yr hyn sy'n iawn. Hitler yw'r un sy'n barod i fentro popeth, ac ef sy'n ennill: cânt hwythau'r gwarth o fod yn rhy lwfr i fentro ei ddymchwel. Yng ngenau Beck rhoddir y geiriau clo chwerw: "Chi oedd yn iawn, Fuehrer. Eich awr chi a gallu'r tywyllwch." – geiriau Crist ei hun (Luc xxii 53). Addefiad iasol yw'r geiriau olaf a ysgrifennodd S.L. ar gyfer cynulleidfa theatr, addefiad mai "trechaf treisied" piau hi yn y byd hwn. Yma, megis yn *Cymru Fydd* ac yn *Esther*, cymhlethir y neges foesol gan ystyriaeth arall nad oes a wnelo hi ddim â moesoldeb, sef parodrwydd S.L. i edmygu grym penderfyniad boed mewn drygioni neu mewn daioni: *"Le crime a ses heros ainsi que la vertu"* (ceir arwyr mewn drygioni yn ogystal a mewn daioni) yw arwyddair y ddrama, ac fe wnâi'r tro fel arwyddair i ran helaeth o'i ddramâu.

Bu dylanwad pwysig, annisgwyl, ar waith y Catholig pybyr hwn: sef y dirfodwyr, yn enwedig dirfodwyr Ffrainc, a oedd i bob diben yn anffyddwyr. Mor gynnar â 1949, meddai S.L. mewn llythyr at y Dr Gwenan Jones, "Do, mi ddefnyddiais o fwriad dipyn o iaith y dirfodaethwyr – ai dyna'r term am yr existensialwyr? – wrth ail-wampio act 1 a 2 o *Flodeuwedd*" (Nerys Ann Jones: "Golwg Newydd ar *Flodeuwedd*" yn *Taliesin*, Rhagfyr 1988, t.82.). Clywir tinc dirfodol hyd yn oed yn *Serch yw'r Doctor*, pan ymuna'r pum prif gymeriad i ganu ... "cogio bod diben i'n byw" a'r côr yn diweddu trwy ganu "'Dyw bywyd ond awel, / ac yna, wel! Wel! / 'Does dim yn parhau ond yr anras (sef, y Diafol)." Pwysicach yw ei ddewis o *En attendant*

FFYDD A GWREIDDIAU SAUNDERS LEWIS

Godot Beckett i'w chyfieithu. Meddai S.L. yn ei ragair:

> "Thema grefyddol sydd i'r ddrama hon, thema Galfinaidd. Y mae dau brif gymeriad y ddrama yn aros gerllaw pren, yn aros gan ddisgwyl Ceidwad ac Achubwr ... Ni allant eu hachub eu hunain; ni allant ychwaith ddianc o'u sefyllfa. Ni wyddant pam, ond gwyddant yn ddi-sigl mai felly y mae hi . . . Aros dan ddisgwyl, megis yn y dechrau, yw'r terfyn. Ni allai dim sôn am gyflwr dyn fod yn fwy Calfinaidd ... Ni ddaw ef (Godot) ddim heddiw; fe ddaw yfory yn sicr. Ond pan ddaw yfory, heddiw yw hi ... I Mr Beckett yr hyn sy'n wir mewn Calfiniaeth yw ei hathrawiaeth am gyflwr dyn. Y mae hynny'n ddinewid."

Y mae'n arwyddocaol iawn mai drama mor amwys ei hagwedd at ffydd a chrediniaeth (nid, oes sicrwydd y daw Godot byth) y dewisodd S.L. ei chyfieithu, yn hytrach, er enghraifft, na rhyw un o ddramâu Paul Claudel y bu unwaith yn ei edmygu. Gyda'r deyrnged hon i Galfiniaeth ei gyndadau, cymharer ei ddadleniad, mewn llythyr yn 1963 at un o orwyrion merch Gwern Hywel:

> "mae'r nofel hon yn gwbl glir oddi wrth athrod ac mi fydd y Methodistiaid yn meddwl fy mod i wedi dyfod yn ol yn gyfan gwbl atynt. Nid dyna'r gwir. Nes i'r gwir ydy nad ydwyf i erioed wedi eu gadael."

(Llythyr a ddyfynnir gan Gerwyn Williams yn *Taliesin*, Mawrth 1989, t.34.)

Gwelir dylanwad yr anffyddiwr a'r dirfodwr J.P. Sartre ar *Yn y Trên* (1964). Yn ei hunan-gofiant *Les Mots* darlunia Sartre ef ei hun fel teithiwr di-docyn mewn trên, teithiwr heb unrhyw gyfiawnhad dros fod yno, h.y. heb ddiben i'w fodolaeth, yn teithio i ben y daith lle y gŵyr nad oes neb yn ei ddisgwyl. Yn ei nodyn yn y *Radio Times* (Tachwedd 27 1969), "Y dyn di-docyn", fe gyhoeddodd S.L. mai'r newidiadau a wnaed gan yr Eglwys i'r Offeren, a roesai ysgytwad enbyd iddo, a adlewyrchir yn y ddramodig hon. Rhoesai teithiwr di-docyn Sartre iddo "sumbol a oedd yn briodol i gyflwr fy meddwl, sy'n briodol o hyd". Eithr ni fyddai'r gwrandäwr nad oedd yn Gatholig fyth yn synhwyro'r symbyliad penodol hwn, a'r hyn sy'n ingol yw apêl letach yr honiad: "Efallai nad yw dynion yn bwysig yn y bydysawd, ond sumbol o'u hofn hwy am natur eu taith drwy amser yw'r darlun o'r dyn di-docyn mewn trên nad oes wybod i ble yr â." Rhaid pwysleisio eto: nid dyma'r darlun uniongred, cysurlon a bregethir yn hyderus gan bob eglwys a phob crefydd ond odid: sef mai taith ystyrlon yw bywyd tuag at nefoedd (neu burdan, neu uffern): darlun yw o daith ddiystyr i ddiddymdra.

Yn ddiweddarach, yn *Cell y Grog* (1973), mi ddadleuwn i y gellir canfod dyled i'r anffyddiwr o ddirfodwr, Albert Camus. I bwy bynnag a ddarllenodd ei gampwaith *L'Etranger (Y Dieithryn)*, hanes a adroddir gan Meursault o gell y grog, mae'r adleisiau yn *Cell y Grog* yn amlwg. Mae'r syniad mai symbol yw'r carchar o'n bodolaeth i'w weld yn *Huis Clos* Sartre, ac yn *La Peste* Camus. Geilw'r Swyddog y carchar yn "... uffern rhwng gwaliau llwyd ... A phawb, pawb, pob swyddog, rheolwr, troseddwr wedi hen, hen alaru ar y byw brwnt, diobaith, di-bwynt ... Mae carchar yn ddrych o'r ddynoliaeth ... Welais i erioed droseddwr euog. " I ategu'r sylw olaf hwn, ni all y Carcharor, fwy na Meursault, gredu ei fod yn llofrudd: "Chredais i ddim am funud mai mwrdrad fyddai'r cyhuddiad ... Dyn normal ydy llofrudd, dyn fel pobun. Pa fab na feddyliodd beth wnai ef wedi marw ei dad?" Yn *Y Dieithryn*, er mai anffyddiwr yw Meursault, ni all ei waredu ei hun o deimlad afresymol ei fod yn euog rywsut, ac yn *La Chute (Y Cwymp)*, nofel olaf Camus, fe ddywed y gau-broffwyd Jean-Baptiste Clamence fod pawb yn teimlo'n euog, ond bod ar bawb awydd osgoi unrhyw gyhuddiad, unrhyw gosb. Meddai'r Swyddog wrth y Carcharor: "Tyrd inni newid dillad, imi gael profi a blasu beth yw bod yn ddi-euog. Dillad llofrudd yn f'achub i ..." Ar ddiwedd y ddrama caiff y Carcharor ddianc dros dro, ond fe'i rhybuddiwyd eisoes mai fel y Swyddog, yn hen a llwyr ddiflasedig a diobaith, y byddai yntau maes o law. Os rhywbeth, mae *Cell y Grog* yn fwy brawychus ddiobaith na *L'Etranger*: gall Meursault, wedi iddo ymbwyllo, wynebu ei dynged yn urddasol, yn stoicaidd ac yn ddiedifar, yn gadarn yn ei anffyddiaeth ac yn fodlon ar y bywyd a dreuliasai. Eithr fe eir â'r Swyddog druan i'r seilam wedi deall na chaiff mo'i grogi: condemniwyd ef i fyw.

Anwybyddwyd yma gomedïau S.L., lle nad oes argyfyngau o dragwyddol bwys. Yn y dramâu difrifol, ceir yn gyson ryw gip ar ddaliadau crefyddol yr awdur, ond ni cheir ynddynt unrhyw genhadu hyderus dros wirioneddau'r ffydd Gatholig o'r math y gallesid ei rag-weld ar ol clywed *Buchedd Garmon* neu *Amlyn ac Amig* hyd yn oed. Ni cheir yr un neges enwadol, eithr, yn syml, yr apêl at reswm: mae'n werth gamblo ar fodolaeth Duw, nid oes dim i'w ennill fel arall. Yn argyfyngau erchyll cymeriadau S.L., ni fychenir, ni ddifrir eu hofnau a'u hamheuon gan yr awdur, a rannai'r un ofnau ac amheuon ei hun. I lawer o edmygwyr ac o feirniaid gwaith S.L. fe aeth yn siboleth neu'n fantra i sôn am ei "ffydd ddi-sigl" ond mae hynny'n groes i'w addefiad ei hun: "Gwyn ei fyd y Cristion y mae credu holl Gredo Nicea yn hawdd a sicr a diysgog iddo. Ni bûm i erioed yn un o'r fath. Rydw i'n cario baich o amheuaeth ac o dywyllwch drwy fy oes, yn rhan annatod o'm ffydd a'm gobaith, ond gyda hynny yn aros gyda'm dewis a cheisio gwneud y pethau sy raid. Fe ddywedodd Pascal wrth fy nhebyg: *Humiliez-vous, raison impaissante.*" ("Holi Saunders Lewis" yn *Mabon*, Gaeaf 1974-5, t.10)

Dengys dramau S. Lewis ddatblygiad digamsyniol o ffyddiogrwydd hyderus *Buchedd Garmon* hyd at ofnau, amheuon ac anobaith y dramâu olaf, lle gwelir y tywyllwch a oedd wrth graidd *Amlyn ac Amig* yn ymledu fwyfwy.

Saunders Lewis: Golwg Gatholig Gymreig ar Ferched

Branwen Jarvis

Yng ngolwg amryw, pendefig oedd Saunders Lewis yn nhermau dechrau'r ugeinfed ganrif. Mewn gwlad – ac wrth 'wlad' rwy'n golygu'r Gymru Gymraeg – lle roedd y diwylliant Anghydffurfiol Cymreig yn tra-arglwyddiaethu, roedd Saunders Lewis yn llawer mwy na 'mab y mans' yn unig. Deuai o fans neilltuol ac o linach gymdeithasol a chrefyddol uchel ei pharch. Roedd ei deulu'n un enwog. Nid pendefigaeth wedi ei seilio ar gyfoeth oedd hon, wrth gwrs, ac unwaith disgrifiodd Saunders Lewis ddosbarth arweinwyr Methodistiaeth Gymreig y bedwaredd ganrif ar bymtheg fel 'pendefigaeth newydd, anfydol'.[1] Pendefigaeth wedi ei seilio ar arweinyddiaeth a pharch oedd hon yn hytrach, a deilliai o gymdeithas yr oedd ei gwerthoedd wedi eu mowldio a'u datblygu o fewn y fframwaith Anghydffurfiol. Roedd hwnnw'n fframwaith a gofleidiai lawer mwy na'r dimensiwn crefyddol yn unig. Yn ystod ei chyfnod mwyaf poblogaidd a dylanwadol gellid dweud bod Anghydffurfiaeth Gymreig yn cwmpasu bron bob agwedd ar fywyd y genedl, yn gymdeithasol ac yn ddiwylliannol.

Roedd taid Saunders Lewis o ochr ei fam yn un o 'dywysogion y pulpud'. Gweinidog Princes Road, Lerpwl – un o eglwysi mwyaf ffasiynol a dylanwadol y Methodistiaid Calfinaidd Cymraeg – oedd y Parchedig Owen Thomas D.D. yn anterth ei yrfa. Mewn termau Anglicanaidd, gellid cymharu Princes Road â

SAUNDERS LEWIS:
GOLWG GATHOLIG GYMREIG AR FERCHED

Chaerefrog, Durham neu Lundain, ac mae hynny'n arwydd o statws Owen Thomas o fewn Anghydffurfiaeth Gymraeg. Roedd yn ysgolhaig disglair ac yn awdur toreithiog. Ei waith enwocaf yn ddi-os yw *Cofiant Parch. John Jones Talsarn* (1874), gwaith o dros fil o dudalennau sy'n ymdrin â bywyd a chymdeithas un o arweinwyr amlycaf Methodistiaeth y bedwaredd ganrif ar bymtheg.[2] Datblygodd Anghydffurfiaeth ei ffurfiau llenyddol ei hunan: yn gasgliadau o bregethau, esboniadau a chofiannau arweinwyr crefyddol. Mae cofiant Owen Thomas yn glasur yn y traddodiad hwn ac ystyria llawer mai'r gwaith hwn yw'r enghraifft orau o gofiant crefyddol Anghydffurfiol.

Roedd John, brawd Owen Thomas, hefyd yn 'dywysog' Anghydffurfiol. Mewn casgliad dylanwadol o gofiannau byrion, *Welsh Religious Leaders in the Victorian Era*, a olygwyd gan J. Vyrnwy Morgan ac a gyhoeddwyd yn 1905, mae'n arwyddocaol mai dau o blith y deunaw a ddewiswyd oedd Owen a John Thomas.[3] Daeth John Thomas yn Annibynnwr ac fe'i hetholwyd yn llywydd yr Annibynwyr Cymraeg yn 1875 ac yn llywydd Undeb Annibynwyr Lloegr a Chymru yn 1885. Roedd yn bregethwr hynod ddawnus a phoblogaidd ac yn cael ei gydnabod yn brif hanesydd ei enwad. Fel awdur roedd hyd yn oed yn fwy cynhyrchiol na'i frawd Owen, gan gynhyrchu gweithiau yn y traddodiad Anghydffurfiol clasurol a golygu cyfnodolion, yn arbennig *Y Tyst*. Anerchai ac ysgrifennai ar faterion gwleidyddol a chymdeithasol ac roedd yn newyddiadurwr medrus yn ogystal. Cafodd amser i gyhoeddi nofel hyd yn oed, *Arthur Llwyd y Felin*. Fel ei frawd Owen a'i or-nai Saunders roedd yn ddyn a chanddo egni dihysbydd a chrebwyll deallusol nodedig. Yn ei ddiddordebau eang a'i annibyniaeth meddwl a barn gwelir rhagargoelion amlwg o lawer o nodweddion ei or-nai.

Dyna, felly, etifeddiaeth grefyddol a diwylliannol Saunders Lewis ar ochr ei fam. Ni phylwyd y gynhysgaeth honno gan farwolaeth gynamserol ei fam chwaith oherwydd daeth ei chwaer, sef Modryb Ellen a oedd yn hynod a mawr ei pharch gan Saunders, i'r cartref i ofalu amdano ef a'i ddau frawd. Roedd tad Saunders Lewis, y Parchedig Lodwig Lewis, hefyd yn weinidog yng nghylch Lerpwl (a dylid cofio bod nifer helaeth o gapeli Cymraeg dylanwadol a sylweddol yn y rhan fwyaf o brif ddinasoedd Lloegr bryd hynny, ac yn arbennig yn Lerpwl a Llundain). Yn ystod llencyndod Saunders roedd yn weinidog eglwysi y Methodistiaid Calfinaidd yn Liscard Road, Seacombe a New Brighton. Nid oedd mor adnabyddus ag Owen Thomas, ond roedd ganddo yntau ei le diogel yn yr hierarchaeth Fethodistaidd ac roedd yn ddyn diwylliedig ac ysgolheigaidd ei natur.

Mae'n gryn syndod, felly, clywed Saunders Lewis yn ei ddisgrifio ei hun fel 'peasant'. Mewn llythyr at Margaret Gilcriest (a briododd yn ddiweddarach) yn Chwefror 1916 o farics y South Wales Borderers yn Swydd Hampshire, dywed: 'I delight to remember I am a peasant. My father's father was a country peasant who could neither read nor write; my mother's father before he became a preacher was a stone-mason, and all my ancestors for hundreds of years have been livers on the soil. I have never had the slightest connection with the commercial and English middle class.'[4] Wrth gwrs, ni ddylid ystyried y sylw hwn yn llythrennol. Gwelir ynddo'r dinc eironig a'r gor-ddweud a ddefnyddir yn aml gan Saunders Lewis pan mae'n ysgrifennu mewn cywair ysgafala – rhywbeth a ddaeth yn bur amlwg yn ei gomedïau cymdeithasol diweddarach. Mae'r eironi'n pwysleisio'r ffaith y gwyddai Saunders Lewis yn iawn pwy a beth ydoedd; eironi dyn hyderus a sicr ohono ei hun yn gymdeithasol ydyw. Yr un pryd, mae'n dangos balchder plaen yn y gwreiddiau gwledig hynny a oedd mor agos ato – ac yn wir at bron bawb o Gymry ei genhedlaeth. Yn yr un llythyr mae'n disgrifio ymweliad gartref i fwrw'r Sul blaenorol. Mae llythyrau eraill, cynharach, yn dangos fod y daith hir i Rufain eisoes wedi dechrau. Ar yr achlysur hwn, fodd bynnag, dewisodd fynd i gyfarfod gweddi ganol wythnos gyda'i dad. 'I actually went one night to the prayer-meeting at the chapel – and took part. Afterwards I was considerably startled by my actions myself ... [but] ... yet I liked that tiny gathering of men and women, all simple and not rich, meeting in an English city to pray and have quiet, and speaking and singing in their own tongue.'[5]

Yn ddi-os roedd yna rai agweddau ar Anghydffurfiaeth yn cael cryn effaith arno, ac roedd agweddau eraill a oedd yn ddeallusol bwysig iddo, bryd hynny ac yn ddiweddarach. Serch hynny, un o benderfyniadau dyfnaf a mwyaf pellgyrhaeddol ei fywyd oedd gwrthod yr etifeddiaeth honno a dewis Pabyddiaeth yn ei lle.

Cafodd ei arwain ar hyd y llwybr hwnnw gan nifer o wahanol elfennau, wrth gwrs. Un oedd ei wrthnawsedd personol tuag at Anghydffurfiaeth: gwrthodiad a gwrthryfela nad yw'n anarferol o gwbl ymysg meibion gweinidogion. Dangosodd Dr Peredur Lynch bod un peth o leiaf yn gyffredin yn y ddwy sgandal bersonol fawr a siglodd Brifysgol Cymru yn yr ugeinfed ganrif, sef diswyddo Saunders Lewis yn dilyn llosgi'r Ysgol Fomio yn 1936 a diswyddo'r Prifathro Goronwy Rees yn 1957. Er bod y ddau'n coleddu safbwyntiau gwleidyddol a diwylliannol cwbl groes i'w gilydd, roedd y ddau'n feibion gweinidogion a oedd wedi troi cefn ar yr Anghydffurfiaeth y cawsant eu magu ynddi. [6] Fe wnaethant hyn nid yn null 'cilio graddol' cenhedlaeth ddiweddarach, ond yn ymwybodol a phendant. Mae'n wrthodiad ymwybodol lle mae Anghydffurfiaeth yn dal yn bwysig yn seicolegol. Yn achos Saunders Lewis nid y gwrthodiad ei hun sy'n syndod, fodd bynnag, ond y ffaith ei fod wedi cofleidio Pabyddiaeth yn ddiweddarach.

Mae'n bosibl i'w elyniaeth tuag at Anghydffurfiaeth ddwysáu i ryw raddau oherwydd ei berthynas braidd yn boenus â'i dad, y gweinidog. Posibilrwydd yn unig yw hwn, oherwydd nid yw Saunders Lewis yn cysylltu'r ddau beth â'i gilydd yn unman cyn belled ag y gwn. Roedd yn fab cydwybodol a barhaodd i ymwneud yn agos â'i deulu, ond roedd ei dad yn amlwg yn ddyn anodd gwneud ag ef. Yn bur aml yn llythyrau Saunders at Margaret gwelwn sylwadau megis 'the atmosphere was kindly and easier than I have sometimes found it. Illness has its part in softening, and my father was in a very unaggressive mood. So much so that I had to respond and make overtures on my side also' – yr 'overture' oedd yr ymweliad â'r cyfarfod gweddi a ddisgrifiwyd eisoes. [7]

Sylw wrth fynd heibio yw hwn, fodd bynnag. Yn ei lythyrau at Margaret lladd ar Anghydffurfiaeth oherwydd ei diflastod llethol y mae yn anad dim – beirniadaeth a welir yng ngwaith llawer o ysgrifenwyr eraill yn ogystal. 'I detested Sunday at home when chapel and Sunday school were not virtues but necessities. But a Sunday in camp with nothing to do and your will for yourself is not much better.' [8] Ym Mehefin 1921, tra oedd yn disgwyl canlyniad ei draethawd M.A., dywed 'we three, father, aunt and

SAUNDERS LEWIS:
GOLWG GATHOLIG GYMREIG AR FERCHED

myself are going to Devon for a fortnight ... [it] was a task to persuade them to go somewhere new, and not eternally and annually to Llandrindod Wells where all the south Wales Nonconformists congregate.'[9] Yn gynharach y flwyddyn honno roedd wedi dweud wrth Margaret 'as far as intellectual assent goes I am now a Catholic', a bod awduron Gwyddelig wedi ei ddysgu i garu ei wlad ei hun 'and to see more in its history than the black barbarism of its Nonconformity'.[10]

Mae'r ansoddair 'du' yn y dyfyniad uchod yn ddadlennol. I Saunders Lewis crefydd harddwch a goleuni oedd Catholigiaeth. Yn yr un llythyr yn Chwefror 1921 y mae'n dadansoddi'r pleser a gâi yn yr offeren: 'a beautiful service – and I've been to mass – is to me like a poem or a painting, a joy in itself. But I enjoy it in a detached way which a good Christian would judge worse than antagonism.' Erbyn Medi'r flwyddyn honno roedd wedi ei benodi'n Llyfrgellydd Sir Forgannwg ac yn byw yng Nghaerdydd. Y mae'n disgrifio'r sêr: '[the] mornings here with the September mist over the trees are sharp and beautiful, and the stars are clear by night. A great Welsh fourteenth century poet called the stars the 'Unsung scattered rosary of God'. Yna ychwanega, gyda hiwmor chwareus, 'I wish I lived in the fourteenth century. Welshmen never dreamed of Nonconformity then.'[11] Ychydig wythnosau'n ddiweddarach mae'n dychwelyd at yr un thema, ond mewn cywair mwy difrifol y tro hwn:

> These Welsh folk have so little sense of what is good in art and literature that to hope overmuch is foolish. You've no idea how I envy Ireland and the Irish their sense of beauty in art, literature and religion. It's dead in us; Nonconformity and English landlordism have made us what we are, and it will take many generations, a century perhaps, to recover it.[12]

FFYDD A GWREIDDIAU SAUNDERS LEWIS

Erbyn 1937, pan oedd Saunders Lewis yng ngharchar Wormwood Scrubs, roedd wedi troi'n swyddogol at Eglwys Rufain ac roedd ei werthfawrogiad esthetig a deallusol o'r ffydd honno wedi dyfnhau'n brofiad ysbrydol cadarn. Fodd bynnag, mae ei lythyrau o'r carchar yn dangos bod yr ymdeimlad o harddwch allanol yr Offeren Gatholig yn parhau'n hynod gryf. Cafodd ei wneud yn sacristan i'r Tad McMenemy, y caplan Pabyddol. Disgrifia fel y bu'n rhaid iddo ddysgu gwneud y paratoadau manwl ar gyfer y gwasanaethau: 'to lay out the priest's vestments, how to prepare the altar and all the details of the way of serving mass and benediction ... I feel horribly nervous. But it's almost a privilege to have come to Wormwood Scrubs in order to do this – a privilege I'd never dreamt in my life would come my way.'[13] Anfonai cyfeillion o Gymru flodau ar gyfer yr allor ac roedd wrth ei fodd yn derbyn y rhain. Mewn un llythyr gofyn i Margaret ddiolch i Mrs R.O.F. Wynne 'for a lovely boxful of Garthewin snowdrops she sent for my chapel here. It was simply lovely of her. Sunday is a beautiful day for me here ...'[14]

Daeth apêl esthetig Catholigiaeth, er mor sylfaenol bwysig ydoedd yn ddi-os i ddatblygiad cynnar Saunders Lewis fel Pabydd, yn rhan o rywbeth llawer ehangach. Daeth yn rhan o weledigaeth eang Saunders Lewis o natur sagrafennol perthynas dyn â Duw a'r byd a greodd, a ddisgrifiwyd gan A.M. Allchin fel 'this sense of a universality of sacramental presence ... of the eucharistic quality of all things.'[15] I Saunders Lewis roedd hon yn weledigaeth a oedd yn gyforiog o lawenydd. Yr olwg sagrafennol hon ar fywyd a allai 'gofleidio' holl lawenydd pethau daearol fyddai sylfaen thematig llawer o'i gynnyrch barddonol.[16]

SAUNDERS LEWIS:
GOLWG GATHOLIG GYMREIG AR FERCHED

Mae edmygedd Saunders Lewis o ddiwylliannau Catholig Iwerddon, Ffrainc a'r Eidal hefyd yn ffactor gynnar eithriadol bwysig wrth iddo gofleidio Catholigiaeth. Mewn meddwl ac ysbryd mae'n dymuno teimlo'n un â hwy a datblygodd ei gariad at draddodiadau hanesyddol gwareiddiad Gorllewin Ewrop yn gynnar. Wrth ysgrifennu at Margaret o Athen yn Nhachwedd 1918, at wreiddiau a thraddodiadau o'r fath y mae ei feddyliau'n troi:

> the next country I want to see is Ireland, your own very slandered island, that I never ceased to love, despite the newspapers. But indeed I love all Europe and the West, France and Italy, and this Greece. And many, many times I pray to visit them, especially the first two. In France and in Italy I have felt at home.[17]

Erbyn 1921 roedd yn drwm dan ddylanwad awduron Catholig Ffrengig, yn arbennig Paul Claudel:

> I've got hold of a new book of poetry by Paul Claudel, the great living Catholic poet of France. It is called *Corona Benignatis Anni Dei*. It is a Catholic 'Christian Year', each poem a prayer for the day, and I have not read a more beautiful book of devotion. I like the French religious literature more than the English. It is harder, more intellectual, and has less of the flabby 'Sacred Heart' emotion about it. In present-day French literature there is very strong Catholic revival, and its leaders are men of fine brain and true poets.[18]

O'r holl elfennau a dynnodd S.L. at Gatholigiaeth, hon yn ddi-os oedd y fwyaf pellgyrhaeddol. Cafodd ei ymdeimlad dwfn o Ewrop ac o bwysigrwydd y canrifoedd o barhad diwinyddol, yn ogystal â dylanwad penodol awduron Catholig Ffrengig fel Claudel, François Mauriac, Jacques Rivère ac Etienne Gibson, effaith ddofn ar holl batrwm meddwl gwleidyddol, yn ogystal â chrefyddol, Saunders Lewis.[19] Mae'r elfen arall a'i tynnodd at Gatholigiaeth yn un gulach, ond yn natur sylfaenol o ddydd-i-ddydd bron ei dylanwad, yn arwyddocaol iawn fe gredaf. Yr elfen honno oedd presenoldeb Margaret Gilcriest yn ei fywyd.

Dywedwyd weithiau nad dinas Seisnig yw Lerpwl mewn gwirionedd. Roedd Margaret Gilcriest, fel Saunders Lewis, yn rhan o'r mewnlifiad Celtaidd mawr a gyfrannodd gymaint at ffurfio bywyd y ddinas. Hanai hi o dras Wyddelig gyda'i gwreiddiau yn Swydd Wicklow, lle dychwelai'n bur aml. Fodd bynnag, roedd yn annodweddiadol o fwyafrif y Gwyddelod gan iddi gael ei magu'n Brotestant yn y traddodiad Wesleaidd; felly, roedd nid yn unig yn Brotestant Gwyddelig ond yn Anghydffurfwraig Wyddelig ar ben hynny. Mae'n amlwg ei bod hi a Saunders Lewis yn deall cefndir ei gilydd yn dda iawn. Ar wahân i sylwadau o ddifrif, gwelir elfen gellweirus yn aml hefyd yn eu cyfeiriadau at Anghydffurfiaeth ac at y Wesleaid yn arbennig. Roedd y ddau'n gyd-fyfyrwyr ym Mhrifysgol Lerpwl lle roedd hi'n astudio Daearyddiaeth ac yntau Saesneg. Aeth hi'n athrawes i Workington yn Swydd Cumberland ac yn yr Eglwys Babyddol yno y priodwyd y ddau'n ddistaw iawn yn 1924, ar ôl carwriaeth faith a gynhaliwyd trwy lythyr yn bennaf.

Mae'n drueni mawr nad yw llythyrau Margaret ei hun at Saunders Lewis ar gael. Fodd bynnag, mae sylwadau Saunders Lewis a'i ymatebion i'r hyn oedd ganddi i'w ddweud yn datgelu llawer amdani. Er bod llawer o sôn yn y llythyrau am fywyd teuluol, digwyddiadau yn y gwaith a phobl yr oeddynt ill dau'n eu hadnabod, yn ogystal â sawl fflach o hiwmor a phryfocio, mae'n gwbl amlwg beth ydynt yn y bôn:

SAUNDERS LEWIS:
GOLWG GATHOLIG GYMREIG AR FERCHED

llythyrau dau o bobl ddifrif, uchel-ael, hynod ddeallus a bywiog eu hymateb, yr oedd materion ysbrydol, moesol a deallusol yn hollbwysig iddynt. Bwriad eu llythyrau'n aml oedd sbarduno meddwl a thrafod. Mewn un llythyr a anfonodd Saunders Lewis o wersyll milwrol yn 1915 cawn gipolwg ar ddull Margaret o lythyru ato:

> Many, many thanks for your 'scraps'. It is a lovely system, and brings me more pleasure in some ways than even your letters – because when you are brief you have the knack of putting your very self into a few words. What you said about 'habits' (Emile) is very helpful. I never thought of it in that light before, and it utterly refutes Rousseau. Does not that idea make the building up of our life and personality a wonderful thing?[20]

Mae'n amlwg bod pwnc Iwerddon yn dod i'r golwg yn aml yn llythyrau Margaret. Nid personol neu ddiwylliannol yn unig oedd ei hymrwymiad wrth y wlad honno; er pan oedd yn bur ifanc fe'i harweiniodd i roi cefnogaeth frwd i genedlaetholdeb wleidyddol Wyddelig. Daw'n amlwg oddi wrth dôn chwareus Saunders pan mae'n cyfeirio at ei barn am Iwerddon bod ganddi argyhoeddiad mwy ymfflamychol a thanbaid nag ef. Mae ymrwymiad Saunders Lewis i'r achos Gwyddelig yn ymddangos yn fwy digyffro a phwyllog. Byddai'n amhriodol awgrymu mai Margaret Gilcriest a wnaeth Saunders Lewis yn genedlaetholwr gwleidyddol; ond mae'n gwbl sicr iddi fwydo, annog ac efallai arwain llawer o'i syniadau ynglŷn ag Iwerddon, a thrwy hynny ddylanwadu ar ddatblygiad ei feddwl gwleidyddol Cymreig. Roedd yn ddylanwad gwleidyddol pwysig yn ei fywyd.

Roedd yn ddylanwad crefyddol hefyd. Ar y llwybr at Gatholigiaeth, hi a arweiniodd y ffordd. Unwaith eto, ffolineb fyddai awgrymu mai hi a berswadiodd

FFYDD A GWREIDDIAU SAUNDERS LEWIS

Saunders Lewis i droi at Eglwys Rufain. Fel rwyf wedi ceisio'i awgrymu eisoes, roedd yr amryfal lwybrau a'i harweiniodd i'r cyfeiriad hwnnw yn rhai cymhleth. Ond roedd yn wraig braff ac annibynnol ei barn a throdd at Babyddiaeth ymhell o'i flaen ef – gweithred a wnaeth ei annog a'i ysgogi yntau yn ddi-os.

Dechreuodd yr ymhel â Chatholigiaeth yn gynnar, pan oedd y ddau ohonynt yn israddedigion. Dyma oedd ganddo i'w ddweud mewn llythyr ym Mawrth 1915: 'I have been thinking much of what we both have said of the monastic life, and you may remember that long ago we used to sympathise with a great many aspects of Roman Catholicism ...'[21] Fel gyda'i gwleidyddiaeth, mae'n ymddangos fod tueddiadau crefyddol Margaret hefyd yn bur danbaid eu natur. Fwy nag unwaith treuliodd ran o'i gwyliau haf mewn ysgolion haf a gogwydd grefyddol iddynt, ac mae Saunders yn tynnu ei choes yn ysgafn: 'I must send you a word of sympathy on your entrance into a convent. Do write to all your Protestant friends telling them where you are. Summer schools seem to have a kindly feeling for medieval institutions; last time, you remember, you were in the vaults of some Durham monastery.'[22]

Cafodd ei derbyn yn aelod o Eglwys Rufain yn 1923 a dywed Saunders Lewis ei fod yn hynod falch: 'I am very content and very glad, and I believe with all my heart that you have done right. Nor do I fear at all now. For you have more poise and sanity and humour in your faith than I have in my unrest.'[23] Erbyn hynny roedd Saunders Lewis wedi ei benodi'n ddarlithydd yn Adran y Gymraeg yn Abertawe ac eisoes yn dod i amlygrwydd fel meddyliwr gwleidyddol drwy ei newyddiadura. Erbyn hynny hefyd roedd ei weledigaeth o'r hyn roedd arno eisiau ei gyflawni yn hollol glir iddo: dymunai arwain meddyliau ei gyd-

SAUNDERS LEWIS:
GOLWG GATHOLIG GYMREIG AR FERCHED

Gymry tuag at genedlaetholdeb wleidyddol newydd benderfynol – a chwyldroadol yn wir. Gwyddai Margaret hynny'n burion ac, wrth iddynt drefnu eu priodas, ofnai y byddai ei Phabyddiaeth yn rhwystr mawr i Saunders gael ei dderbyn yn wleidyddol yng Nghymru. Pwysleisiodd yntau nad oedd unrhyw sail i'w hofnau: 'I'm glad you asked me if your 'conversion' ... will damage me, for I want you to understand. The answer simply is – no; it cannot, will not, and shall not. You need not have a moment's fear. I don't pretend that some individuals will not be horrified, but only as individuals. So you needn't transfer your missionary efforts (I never knew of them) ...' [24]

Y gwir, wrth gwrs, oedd er na fyddai tröedigaeth Margaret, mae'n debyg, yn niweidio rhyw lawer ar yrfa wleidyddol ei gŵr, byddai iddo yntau droi ei gôt at Babyddiaeth yn sicr o wneud hynny. Enaid ar wahân oedd Saunders Lewis bob amser: roedd ei ddeallusiaeth ddigyfaddawd, ei weledigaeth wleidyddol radical a chythryblus, ei ymdeimlad o hanes lle roedd y Gymru ganoloesol gyn-Brotestannaidd yn rym cyhyrog, a'i olygon Ewropeaidd yn hytrach na Phrydeinig, i gyd yn cyfrannu at yr arwahanrwydd hwnnw. Pwysleisiodd ei Gatholigiaeth hynny ymhellach, er ei bod yn rhaid dweud nad oedd yn destun pryder gormodol i lawer iawn o Anghydffurfwyr o argyhoeddiad.

Canlyniad uniongyrchol tröedigaeth Margaret, fodd bynnag, oedd iddo oedi'n hir cyn torri'r newydd i'w dad a'i fodryb ei fod yn bwriadu priodi. A dweud y gwir, mae'n gorddramateiddio'r sefyllfa. Mae'n rhaid cyfaddef bod yna rywbeth bach theatrig ynglŷn â charwriaeth Saunders Lewis a Margaret Gilcriest. Cadwodd y ddau natur eu perthynas iddynt eu hunain, gan gyfarfod yn gyfrinachol, a theg yw dweud mai'r cyfrinachedd hwn a roddodd fwyaf o loes i deulu Saunders: 'the thing that grieves them most is my closeness.'[25] Ni allai fod wedi bod yn hawdd i'w dad a'i fodryb dderbyn Catholigiaeth Margaret, o ystyried tras Anghydffurfiol y teulu, ond ei derbyn a wnaethant a hynny'n rhyfeddol o dda. Mae llythyr croeso ei fodryb Ellen at Margaret yn batrwm o urddas a'r moesgarwch hwnnw sy'n deillio o ofal gwironeddol am anghenion eraill.[26] Mae'n bur debyg hefyd eu bod yn llawn sylweddoli erbyn hynny ddyfnder dylanwad deallusol Catholigiaeth ar Saunders ei hun a bod dirgelwch Catholigiaeth yn dechrau pylu i ryw raddau yn eu golwg. Bu'r briodas yn 1924 ond ni throdd Saunders Lewis yn derfynol at Eglwys Rufain tan 1932, ar ôl marwolaeth ei dad.

Rwyf yn troi yn awr at waith creadigol Saunders Lewis, ac i edrych ar rai o'i ddramâu a'i nofelau yng ngoleuni ei Gatholigiaeth. Gan ein bod yn trafod ei gynnyrch llenyddol yn hytrach na'i gynnyrch polemig, gwelwn y Gatholigiaeth honno yn dod i'r amlwg mewn themâu a phwysleisiadau neilltuol, yn gymdeithasol a moesol. Mae llawer o'r hyn a ddywedwyd ynglŷn â'r gwahanol agweddau ar dröedigaeth Saunders Lewis yn rhag-awgrymu'r themâu a'r pwysleisiadau hynny. Gwelir hyn yn arbennig pan edrychir ar rôl merched yn ei waith.

Yn llawer o waith creadigol Saunders Lewis mae'r rôl honno'n un arbennig, ac atgyfnerthir yr arbenigrwydd hwnnw gan ei ymdeimlad o arwahanrwydd merched. Daw hynny i'r amlwg yn gynnar, er enghraifft, yn ei edmygedd o'i gyfeilles Mrs Rhodes, sy'n ymdopi â'i bywyd anodd gydag urddas a hynawsedd, ac ychwanega Saunders Lewis 'Are not women the most wonderful of all God's imaginings?'[27] Yn ddiweddarach, yn un o gerddi gorau'r ugeinfed ganrif, 'Mair Magdalen', dywed yn blaen a dramatig, 'Am ferched, ni all neb wybod'. Mae arwahanrwydd a gwahaniaeth hanfodol natur merched, a thrwy hynny eu rôl, yn rhagdybiaeth sylfaenol a wneir ganddo. Prin bod angen pwysleisio bod y syniad o 'arwahanrwydd' merched yn rhywbeth sydd wedi gwreiddio'n ddwfn mewn athrawiaethau a theithi meddwl Catholig.[28]

Y mwyaf amlwg Gatholig o'i weithiau yw *Gymerwch chi Sigarét?*, drama lwyfan a gynhyrchwyd gyntaf yn 1955 (gyda Siân Phillips yn chwarae'r brif ran, sef Iris). Ysgrifennwyd y ddrama hon pan oedd y Rhyfel Oer yn ei anterth ac fe'i lleolwyd mewn gwlad Gomiwnyddol ddychmygol yn Nwyrain Ewrop ac yn Fienna ranedig. Yr hyn a ddaw i'r amlwg gryfaf ynddi yw'r tensiynau rhwng y gwladwriaethau sosialaidd newydd, di-dduw a thraddodiadau cenedlaethol a Chatholig yr hen drefn. Mae gŵr Iris, Marc, sy'n aelod o'r heddlu politicaidd, yn cael y dasg o lofruddio Phugas, ysgolhaig a gwrthwynebydd Catholig, cyhoeddwr papur newydd dirgel ac arweinydd gwrthwynebiad clerigol cudd i'r drefn newydd. Yn digwydd bod, mae Phugas hefyd yn dad bedydd Iris. Mae Iris yn Babyddes o argyhoeddiad, a thrwy gyfrwng geiriau, emosiynau a gweithredoedd mae'n llwyddo'n ddeheuig iawn yn y pen draw i rwystro Marc rhag cyflawni'r weithred trwy wanhau grym ei ewyllys a'i benderfyniad. Llwydda i'w achub rhag troi'n llofrudd ond, wrth wneud hynny, mae'n colli ei bywyd ei hun, a'r plentyn y mae'n ei ddisgwyl, yng nghelloedd yr heddlu cudd.

Beth sy'n dod i'r amlwg yng nghymeriad Iris a'i rôl? Fe'i cyflwynir i ni fel enaid rhydd a llawen: yn yr olygfa agoriadol fe'i gwelwn yn dawnsio'n hapus o amgylch ei hystafell fyw wrth iddi baratoi i ddweud wrth Marc am y plentyn sydd ar y ffordd. Ar y wal, yn symbolaidd, gwelir eicon o Fair Forwyn a'r Baban, sydd wedi ei droi ganddi o'r ochr arall lle mae darlun o'r ordd a'r cryman comiwnyddol: 'Mi rois y gramaffôn i ganu er mwyn imi gael dawnsio. Ac yr oedd yn rhaid i mi gael cwmni. Felly Mair a'r Baban amdani. Maen nhw'n hoff o ddawnsio 'wyt ti'n deall? On'd ŷch chi, Arglwyddes?' Mae'r olygfa fach hon yn disgrifio rhywbeth gwahanol iawn i Anghydffurfiaeth 'ddu' biwritanaidd. Yn ddiweddarach, gwelwn fod cadarnhad llawen a phositif Iris o fywyd yn mynd ymhell tu hwnt i'r daearol a'r corfforol yn unig. 'Mae hi'n fy ngharu i fel petai tragwyddoldeb yn bod', meddai Marc amdani yn ddiweddarach, pan ddaw'n amlwg fod Iris yn fodlon aberthu ei bywyd ei hun i achub ei gŵr. Mae'n gwneud hyn gan gredu'n ddiysgog fod yr hyn a fydd yn digwydd iddynt yn nhragwyddoldeb yn llawer pwysicach na'r hyn sy'n digwydd iddynt yn y byd hwn. Ar y llaw arall, nid oes gan Marc unrhyw ddaliadau na sicrwydd o'r fath. Yn ei gyflwyniad i'r ddrama, dywed Saunders Lewis nad yw'n Gomiwnydd mewn gwirionedd; yn hytrach 'gŵr ifanc heb argyhoeddiad, un sy'n aros argyhoeddiad, yw Marc … Mae'n debyg ei fod ef hefyd yn eiddigeddus o sicrwydd ei ffydd hi ac o gryfder ei chymeriad hi.' Mewn materion ffydd, felly, Iris yw'r graig a'r sylfaen ac arwain Marc y mae hi, nid ei ddilyn. Mae Calista, chwaer Phugas, yn dadansoddi ei rôl ysbrydol mewn perthynas â'i gŵr. Dywed Calista fod Iris wedi gweithredu 'er mwyn eich cipio chi rhag gyrfa llofrudd yn yr heddlu politicaidd. Er mwyn rhwystro i'r Brawd Marc dyfu'n Swyddog Diogelwch Marc ac wedyn drwy fwrdrad ar fwrdrad yn Gomisâr Marc. Er mwyn eich gwared chi rhag y drwg. Gadewch i mi am unwaith ddefnyddio iaith y Cristion – er mwyn achub eich enaid chi.' Yna, medd Calista,

SAUNDERS LEWIS:
GOLWG GATHOLIG GYMREIG AR FERCHED

gall Marc godi o'i uffern bresennol o drallod ac ansicrwydd 'i ail-weld y sêr'. Gyda'r geiriau hyn mae Saunders Lewis yn dychwelyd drachefn at y delweddau hynny o oleuni a gobaith sydd mor rymus yn ei waith.

Mae angen dweud dau beth ymhellach am rôl ysbrydol Iris. Yn gyntaf, mae'n un hunan-aberthol. Mae hi'n ystyried bod achub enaid ei gŵr yn werth yr aberth honno. Yn wir, daw mater achub enaid, o fewn perthynas dyn a dynes, i'r amlwg yn llawer cynharach mewn llythyr teimladwy a ysgrifennodd Saunders at Margaret yng Ngorffennaf 1918 pan oedd ar fin cychwyn am Athen gan 'fod i ffwrdd am flwyddyn, efallai fwy'. Roedd Margaret wedi dweud nad oedd hi yn 'hanfodol i unrhyw un', ond nid yw Saunders yn cyd-fynd â hynny o gwbl:

> But I may say this: if I look back on my life and choose out for prizing and cherishing all the moments in which whatever I have in me of good and aspiring and true were alive, they are moments I shared with you ... Somehow, I think that to save another's soul is a thing worth living for, and you have meant ... that for me.[29]

Yn achos Iris, mae achub bywyd Marc yn gofyn am rywbeth llawer mwy dramatig – gweithred sy'n hawlio'i marwolaeth yn hytrach na'i bywyd.

Yr ail beth y dylid ei nodi yw mai'r wraig sy'n cael ei gweld fel cyfrwng neu sianel. Hi sy'n gwarchod ei gŵr mewn ystyr grefyddol. Fodd bynnag, ar ddiwedd y ddrama, Marc ac nid Iris sy'n cael ei ddewis gan Phugas fregus ei iechyd i gymryd drosodd ei waith fel arweinydd dynion a lluniwr barn. Er gwaethaf ei holl gryfder, ei dewrder a'i hargyhoeddiad, swyddogaeth o alluogi ac nid o gyflawni sydd gan Iris.

Daw rôl hunanaberthol, alluogol merched i'r

amlwg mewn drama arall ddiweddarach, sef *Esther*. Gwleidyddol, yn hytrach na chrefyddol, yw'r cyd-destun y tro hwn. Mae Esther, yr Iddewes, hefyd yn achubydd – achubydd ei phobl – ond, i gyflawni hynny, mae'n rhaid iddi ei thaflu ei hun wrth draed ei gŵr, Ahasferus. Trwy wneud hynny heb wahoddiad, mae'n wynebu'r perygl o gosb marwolaeth. Fel mae'n digwydd, cael ei chroesawu yn hytrach na'i chosbi y mae; ond o safbwynt dramatig, ei pharodrwydd i'w haberthu ei hun sy'n bwysig. Mae dileu'r hunan er lles rhyw achos mwy yn thema eithriadol bwysig yng ngwaith Saunders Lewis, ac mae'n werth nodi mai cymeriadau benywaidd bron yn ddieithriad sy'n dilyn y llwybr hwnnw.

Yn ddi-os mae'n swyddogaeth ddyrchafedig; wedi'r cwbl, dyma a wnaeth Crist ei hun. Fodd bynnag, yn y traddodiad Catholig, mae ffigwr Mair fel yr ymbilwraig wylaidd ar ran eraill, y gyfryngwraig rhwng dyn a Duw, yn hollbwysig. Yn ei lythyrau o Wormwood Scrubs at ei ferch fach, Mair, yr unig gerdd neu emyn y mae Saunders Lewis yn ei dwyn i'w sylw yw un y mae'n ei alw'n 'emyn bach Cymraeg i'n Harglwyddes', sef ei gyfieithiad o'r Lladin 'Ave Regina Angelorum'.[30] Ychydig flynyddoedd yn ddiweddarach mae'n dychwelyd at yr emyn hwn yn ei ddrama radio *Amlyn ac Amig*, lle caiff ei ddyfynnu'n llawn. Mae ei ddelweddau'n amlwg yn bwysig iddo (ac afraid dweud ei fod yn emyn sy'n gwbl estron i'r traddodiad Anghydffurfiol): 'Molwn di, O borth a ffynnon/Y Goleuni a ddaeth i ddynion/Llawenha, O forwyn euraid … /Henffych well, O ufudd eiddgar.' Mair yw ffynhonnell goleuni; mae'n llawenhau; nid yn unig mae'n ufudd, mae'n eiddgar i ufuddhau hefyd.

Ond un ochr i'r geiniog, wrth gwrs, yw'r delweddau traddodiadol hyn o Fair – a thrwy'r math o estyniad a

SAUNDERS LEWIS:
GOLWG GATHOLIG GYMREIG AR FERCHED

welwn yn *Gymerwch chi Sigarét?*, o ferched Cristnogol yn gyffredinol. Yn ystod y blynyddoedd diwethaf trafodwyd llawer ar y ddeuoliaeth Mair/Efa yn y meddwl Cristnogol ac nid oes gennyf unrhyw fwriad yma i edrych yn gyffredinol ar y ddeuoliaeth honno, dim ond nodi ei bod yn parhau'n neilltuol bwysig o fewn y traddodiad Catholig. Mae'r syniad o wraig nid yn unig fel 'ffynnon y Goleuni' ond fel ffynhonnell tywyllwch yn ogystal wedi gwreiddio'n ddwfn yn y meddylfryd Catholig, yn arbennig pan mae'n troi (yn obsesiynol bron fel mae'n ymddangos i rywun o'r tu allan) at faterion rhywioldeb, a rhywioldeb benywaidd yn arbennig.

Rhan o'r eglurhad dros yr obsesiwn hwn – neu'r ofn bron – yw bod gwraig yn cael ei gweld fel ymgorfforiad o rym natur. Gwelir yr ymdrech am oruchafiaeth y bywyd ysbrydol, bywyd yr enaid, a fynnir gan Gristnogaeth, fel brwydr yn erbyn grymoedd natur. Mynegwyd hyn yn gofiadwy iawn gan Ann Griffiths, er enghraifft, wrth iddi ysgrifennu am ei brwydrau ysbrydol: 'Er mai cwbwl groes i natur / Yw fy llwybr yn y byd.' Mae'r rhywioldeb hunangeisiol sy'n rhan o'r grym naturiol hwn yn un o'r themâu pwysicaf yng ngwaith Saunders Lewis. Pan ddaw i'r amlwg ym mywydau unigolion mae'n arwain at gyflwr o bechod; ac yn yr amlygiadau cymdeithasol ohono, sy'n deillio o weithredoedd unigolion, mae'n achosi chwalfa mewn teuluoedd a chymunedau ac yn erydu seiliau bywyd gwareiddiedig ei hun.

Yn y nofel *Monica*, a gyhoeddwyd yn 1930, y ceir ei astudiaeth helaethaf o bechadurusrwydd. Nid y nofel hon yw'r mwyaf caboledig na chynnil o'i weithiau, ond dros ddeng mlynedd a thrigain yn ôl achosodd ei hymdriniaeth blaen â moesoldeb rhywiol gryn gyffro. Ychydig flynyddoedd cyn hynny roedd wedi ysgrifennu dwy act gyntaf un o'i ddramâu enwocaf, *Blodeuwedd,* a seiliwyd ar un o chwedlau'r Mabinogi. Mae Blodeuwedd yn cael perthynas odinebus â Gronw Pebr, perthynas sy'n arwain at ddinistr y ddau ohonynt yn y pen draw. Fel y dywed Saunders Lewis wrthym yn aml, i hyn y mae cariad rhywiol, o natur ramantaidd a godinebus, yn arwain yn y diwedd. Mae Blodeuwedd yn cynrychioli grym natur yn llythrennol, gan ei bod wedi cael ei chreu o'r blodau. Rhoddir cryn sylw yn y ddrama i'w hymdeimlad o ymddieithriwch oddi wrth y natur ddynol. Mae hi yn fod rhywiol prydferth, ond nid oes ganddi unrhyw deimladau o ddyletswydd, cywilydd na chyfrifoldebau teuluol. Natur yn erbyn moesoldeb, felly, yw thema amlwg y ddrama. Fodd bynnag, oherwydd mai creadigaeth hud a lledrith yw Blodeuwedd, ni ellir ei beio am ei gweithredoedd; mae'n ddi-foes yn hytrach nag anfoesol. Mae *Monica*, ar y llaw arall, yn nofel sydd wedi ei lleoli'n bendant yn y byd go iawn: ym maestrefi Abertawe i fod yn fanwl. Mae hithau hefyd yn 'dduwies rywiol' – dyna'r ddelwedd y mae wedi ei chreu iddi ei hun. Pan feichioga, mae'n sylweddoli bod ei chyflwr yn fygythiad i'w dengarwch rhywiol. Er bod bywyd newydd yn tyfu ynddi mae'n cael ei llethu gan awydd i farw. Mae'n dioddef oddi wrth yr hyn mae Saunders Lewis yn ei alw'n 'dropsi', ond a fyddai'n cael ei galw'n duedd docsemig heddiw. Mae'n dioddef hefyd oddi wrth fath ar iselder ysbryd morbid sy'n achosi iddi beidio â mynd i chwilio am gymorth meddygol. Felly, mae'n ewyllysio'i marwolaeth ei hun a marwolaeth ei phlentyn, sy'n bechod marwol deublyg. Ni all unrhyw un sydd wedi darllen *Monica* beidio ag ymdeimlo â difrifoldeb moesol dwfn ei hawdur. Yma, fel mewn gweithiau eraill, daw'r difrifoldeb aruchel hwnnw i'r

SAUNDERS LEWIS:
GOLWG GATHOLIG GYMREIG AR FERCHED

amlwg, nid yn unig drwy gymeriadau benywaidd, ond hefyd drwy amgylchiadau a chyflyrau sy'n fenywaidd yn eu hanfod.

Rwy'n credu mai dwyster ymwneud Saunders Lewis â natur merched a'u swyddogaethau personol a chymdeithasol yw un o brif nodweddion cyfnod cynnar a chyfnod canol cynhyrchiol ei waith creadigol. Dewisais roi sylw arbennig i *Gymerwch chi Sigarét?* a *Monica* oherwydd eu bod wedi cael eu hysgrifennu o safbwynt sy'n grefyddol yn ei hanfod. Daw llawer o'r un nodweddion i'r amlwg hefyd yn rôl Siwan, yn y ddrama fydr o'r un enw, neu Else yn y ddrama hanesyddol *Brad*. Yn y dramâu hyn, fel yn y gweithiau a drafodwyd eisoes, gwelir eto ymdrin ag arwahanrwydd a natur arbennig merched. Dyrchefir swyddogaeth y ferch fel ceidwad y da i'r fan lle y gofynnir am hunanymwadiad neu hunanaberth hyd yn oed, tra ar y llaw arall disgrifir y dinistr y mae'n ei achosi i seiliau eithaf gwareiddiad pan rydd rwydd hynt i'w natur rywiol. Mae rhoi lle mor flaenllaw i themâu o'r fath, ac ymdrin â hwy â'r fath argyhoeddiad a grymuster, yn cyd-fynd ag ymlyniad Saunders Lewis wrth ideoleg Gatholig yn ystod blynyddoedd pwysicaf ei oes.

Yn y chwedegau, dechreuodd Saunders Lewis ar gyfnod creadigol newydd a thoreithiog. Yn wleidyddol roedd wedi dychwelyd i'r maes yn 1962 gyda'i ddarlith radio enwog 'Tynged yr Iaith', a arweiniodd at sefydlu Cymdeithas yr Iaith Gymraeg a'i hymgyrch anufudd-dod sifil. Hefyd, yn ddi-os, roedd arno eisiau wynebu Cymru fodern o'r newydd yn ei waith llenyddol yn ogystal. Yn amryw o'i weithiau mae'n ymrafael benben â'r Gymru gyfoes, sy'n wahanol iawn i'r berthynas fwy pellennig, alegorïaidd bron, a geir yn y rhan fwyaf o'i waith cynharach. Felly, mae *Excelsior* a *Problemau*

FFYDD A GWREIDDIAU SAUNDERS LEWIS

Prifysgol yn gomedïau cymdeithasol dychanol sy'n cystwyo 'arweinwyr' diddychymyg, cul, materol, uchelgeisiol a diegwyddor y gymdeithas Gymreig.' Ac mae'r rhain yn arweinwyr sydd â'u gwreiddiau, mae'n rhaid dweud, yn y Gymru Anghydffurfiol.

Ond er gwaethaf cynnwys y ddwy ddrama hyn, un o nodweddion amlycaf y cyfnod hwn yw'r modd yr ailgofleidiodd Saunders Lewis rai agweddau ar y dreftadaeth Anghydffurfiol. Efallai bod 'ailgofleidio' yn air rhy gryf fodd bynnag. Wrth ddarllen ei waith gwleidyddol a chrefyddol yn ofalus, gwelir ei fod trwy'r amser, mewn ffordd dawel, wedi cadw un llwybr deallusol at Anghydffurfiaeth yn agored. Y llwybr hwnnw oedd yr hyn y gellid ei alw'n adain draddodiadol Methodistiaeth Galfinaidd. Credai nad oedd y gynhysgaeth Gatholig wedi diflannu'n gyfan gwbl mewn Methodistiaeth ac mae'n pwysleisio gwreiddiau hanesyddol yr enwad hwnnw o fewn Anglicaniaeth, ac felly o fewn y traddodiad Catholig ehangach. Yr enghraifft fwyaf trawiadol o'i ymgais i wadu fod toriad diwinyddol llwyr rhwng Methodistiaeth Galfinaidd a Chatholigiaeth yw'r ddadl a gafodd â diwinyddion Anghydffurfiol ar dudalennau *Y Faner* a'r wasg enwadol yn 1951 ar bwnc Dyrchafael Mair a phriodoldeb ei galw yn 'Fam Duw'. Mae Saunders Lewis yn dadlau, yn bennaf ar sail ei ddehongliad o Gyffes Ffydd 1823, lle diffiniodd y Methodistiaid Calfinaidd Cymreig eu daliadau, y gellid yn wir gyfiawnhau ei theitl. Mae'n ymddangos i mi bod ei ddadl ar dir pur simsan yn ddiwinyddol gan ei bod wedi ei seilio ar gymhwyso'r rhan o'r Gyffes Ffydd sy'n trafod natur Crist fel Duw-ddyn at ddiffiniad cyfochrog o natur Mair. Fodd bynnag, nid oes angen i ni ymboeni yma â manylion y ddadl ddiwinyddol; yr hyn sy'n berthnasol yw bod Saunders Lewis yn mynnu

SAUNDERS LEWIS:
GOLWG GATHOLIG GYMREIG AR FERCHED

na ddylai'r teitl 'Mam Duw' beri problem i Fethodistiaid:

> '... [mae] Mair Mam Duw yn derm y mae gan bob Methodist hawl ac etifeddiaeth ynddo. Gan hynny, nid oes dim yng Nghyffes Ffydd y Methodistiaid Calfinaidd – nac yn Ffydd y Cyrff eraill yng Nghymru sy'n dal yr un gred am Grist – sy'n groes i'r ddysg Gatholig am Fair Fam Duw. A diolch i Dduw am hynny.'[31]

Nid yw'r 'thema Fethodistaidd' yn ei waith creadigol yn ymwrthod â Chatholigiaeth o gwbl. Yn hytrach, yr hyn a wneir yw rhoi amlygrwydd i'r dehongliad traddodiadol o'r etifeddiaeth Fethodistaidd sydd newydd gael ei disgrifio. Mewn llythyr a ysgrifennodd yn 1963 at un o'i berthnasau ym Môn, yn gofyn am ei chaniatâd i gyflwyno ei nofel *Merch Gwern Hywel* iddi hi a'i chwaer (roedd ef a'r chwiorydd yn or-wyrion yr arwres Sarah Jones), dywed am y nofel honno:

> '... mi fydd y Methodistiaid yn meddwl fy mod i wedi dyfod yn ôl yn gyfangwbl atynt. Nid dyna'r gwir. Nes i'r gwir ydy nad ydwyf i erioed wedi eu gadael.'[32]

Mae ei eiriau yn y llythyr hwn yn adlewyrchu cynnwys *Merch Gwern Hywel* a'i ddrama ddiweddarach *Dwy Briodas Ann*, a gyhoeddwyd yn 1975. Mae'r nofel a'r ddrama fel ei gilydd yn ymdrin â merched pwysig yn hanes Methodistiaeth Galfinaidd Gymreig. Fel yn ei weithiau cynharach, mae merched yn dal i chwarae rhan gymdeithasol allweddol, ond mae holl naws y driniaeth yn wahanol erbyn hyn, a gwelir llai o'r nodweddion angerddol a oedd yn cael lle mor amlwg gynt.

Y blynyddoedd 1816 – 8 yw cyfnod *Merch Gwern Hywel* pan ymrannodd y Methodistiaid Calfinaidd yn derfynol oddi wrth yr Eglwys Anglicanaidd a dod yn enwad annibynnol. Rydym felly ar groesffordd ddiwylliannol a chrefyddol yn hanes Cymru. Ffermwyr da eu byd ac uchel eu parch yn y gymdeithas yw teulu Sarah Jones, ac mae rhai ohonynt wedi cofleidio'r achos Methodistaidd. Maent yn gwrthwynebu ei pherthynas â William Roberts, pregethwr ifanc a chanhwyllwr o ran galwedigaeth, er ei fod dan adain y patriarch John Elias. Hyd yn oed ar ôl iddo gael ei ordeinio a sefydlu ei fusnes ei hun, mae'r gwrthwynebiad yn parhau, ac felly mae'r ddau'n rhedeg i ffwrdd i Ynys Môn i briodi. Mae William Roberts yn dod yn ŵr o ddylanwad yn ei enwad, gan weithredu fel canolwr rhwng safbwyntiau John Elias draddodiadol a Thomas Jones o Ddinbych fwy radical ei farn pan gyfyd mater arweinyddiaeth y Methodistiaid Cymreig. Caiff Sarah Jones ei phortreadu fel gwraig ddoeth ac egnïol; hi sy'n cael y rôl gan Saunders Lewis o fod yn geidwad traddodiad a hen werthoedd mewn cyfnod o newid mawr. I arweinwyr newydd Cymru – dynion fel William Roberts ei gŵr – daw â sadrwydd a doniau ei dosbarth, sef ymwybyddiaeth o'r gorffennol a phenderfyniad na chaiff popeth da yn y gorffennol hwnnw ei ysgubo ymaith gan frwdfrydedd y presennol. Gall hen draddodiadau Anglicanaidd ei theulu wasanaethu'r enwad newydd a'i gyfoethogi. Yn wir, er nad yw'r awdur yn dweud hynny'n uniongyrchol, mae'n fath o gyfrwng ar gyfer trosglwyddo gwerthoedd yr eglwys Gatholig fyd-eang.

Swyddogaeth ganolog gyffelyb sydd gan Ann, Y Fonesig Bulkeley. Rydym yn yr un cyfnod Methodistaidd yn *Dwy Briodas Ann*. Mae Ann yn briod gyntaf â Syr John Bulkeley. Roedd yn forwyn yn ei gartref, Presaddfed ym Môn, ac mae'r briodas yn

SAUNDERS LEWIS:
GOLWG GATHOLIG GYMREIG AR FERCHED

lliniaru ei unigrwydd canol oed. Ar ôl ei farwolaeth, a hithau erbyn hyn yn wraig o gryn statws yn gymdeithasol, mae'n priodi John Elias, arweinydd y Methodistiaid Cymreig. Fel Sarah Jones, mae'n pontio'r dosbarthiadau cymdeithasol ac yn dod â diwylliant a thraddodiadau teulu Presaddfed i'r *elite* Cymreig newydd. Mae Ann a Sarah, Methodistiaid ill dwy, yn croesawu'r newydd; ond maent yn sicrhau hefyd bod gwerthoedd rhai heblaw crefftwyr a mân fasnachwyr yn cael dylanwad ar y diwylliant Anghydffurfiol newydd.

Gwaith pwysicaf y cyfnod olaf hwn, fodd bynnag, yw'r ddrama enigmatig a chymhleth *Cymru Fydd*, a gyhoeddwyd yn 1967. Yn y ddrama hon mae Saunders Lewis, a oedd yn bedair ar ddeg a thrigain erbyn hynny, yn edrych ym myw llygaid Cymru gyfoes – y Gymru yr oedd ef ei hun, mewn gwirionedd, wedi cynorthwyo i'w chreu. Mae dau brif gymeriad y ddrama, Dewi a Bet, ei gariad, wedi bod yn ymwneud â'r mudiad protest. Fodd bynnag, mae Dewi, sy'n fab y mans, wedi cael ei ddadrithio'n llwyr. Mae'n wamal a nihilistaidd ei agwedd, mae'n troi'n lleidr a chaiff ei garcharu. Yna mae'n dianc o'r carchar ac yn ceisio noddfa yn ei gartref. Yn y diwedd mae Bet yn llwyddo i'w berswadio i ildio i'r heddlu, ond pris y fargen honno yw bod yn rhaid iddi gysgu gydag ef. Yn y bore, mae Dewi yn dewis peidio â wynebu ei gyfrifoldebau ac mae'n cyflawni hunanladdiad trwy neidio oddi ar do ei gartref.

Bet, felly, sy'n cael ei gadael i wynebu'r dyfodol. Dewiswyd ei henw'n ofalus. Fydd y dyfodol yn un positif? Fydd hi mewn gwirionedd yn ymgorffori 'Cymru Fydd'? Mae Saunders Lewis eisoes wedi gwneud iddi draddodi un araith ystyriol ar yr hyn y mae hi'n ei weld fel swyddogaeth ganolog: 'Nid dychmygu'r dyfodol yn unig y mae merch, ond llunio'r dyfodol, cario'r dyfodol, magu'r dyfodol. I hynny mae ei chroth hi'n da.' Nid oes unrhyw sicrwydd, fodd bynnag, ei bod yn disgwyl plentyn, dim optimistiaeth wag. Mae dyfodol i Gymru yn bosibl, dyna i gyd. Pe bai'r posibilrwydd hwnnw'n cael ei wireddu, byddai ganddo rai o'i wreiddiau beth bynnag mewn mans Anghydffurfiol. Efallai bod Dewi wedi troi ei gefn ar ei dreftadaeth ddiwylliannol ond mae Bet, sy'n cael ei charu a'i chroesawu gan Dora, mam Dewi, yn fodlon cofleidio'r hen yn ogystal â'r newydd.

Yn arwyddocaol, Anglican yw Bet ac yn ferch i ficer. Erbyn 1967, roedd Saunders Lewis wedi cael ei ddadrithio gan Gatholigiaeth. Bu colli'r offeren Ladin yn ergyd drom iddo. Roedd ei chyffredinolrwydd wedi cuddio Anghymreigrwydd yr Eglwys Babyddol yng Nghymru ac mae'n ymddangos bod Saunders Lewis yn teimlo iddo gael ei amddifadu'n ddiwylliannol. Mae'n mynegi ei chwerwedd mewn llythyr at gyd-Babydd a chenedlaetholwr Cymreig, y newyddiadurwr H.W.J. Edwards:

> I am very envious of the Anglican Welsh these days; they at least have a robust Welsh-speaking and Welsh-writing minority which counts, whereas I was fool enough to join the English papists who had repudiated even the ancient liturgy of the once Catholic church.[33]

Mae'n amlwg bod ei deimladau angerddol o siomedigaeth a dadrithiad wedi arwain Saunders Lewis i'r casgliad, tuag at ddiwedd ei oes, y byddai unrhyw ddyfodol diwylliannol a chrefyddol yn y Gymru Gymraeg o anghenraid yn un Methodistaidd ac Anglicanaidd yn hytrach na Chatholig.[34] Yn ei waith creadigol, roedd y weledigaeth newydd hon, fel yr hen un, yn troi o amgylch ei gymeriadau benywaidd. Cyflwynir Sarah, Ann, Bet a Dora o fewn cyd-destun nad yw'n fytholegol, canoloesol nac Ewropeaidd. Pan drodd Saunders Lewis ei sylw at bortreadu merched Cymreig (ac eithrio Monica ddiwreiddiau) fe'u gosododd yn union o fewn prif ffrwd y bywyd diwylliannol Cymreig.

---

* Ymddangosodd yr erthygl hon dan y teitl 'Saunders Lewis: A Welsh Catholic View of Women?' yn *The Journal of Welsh Religious History*, 7 (1999). Diolchir i Dawi C. Griffiths am y trosiad, ac i olygydd y gyfrol hon am ofyn yn arbennig amdani.

[1] *Merch Gwern Hywel*, Llandybïe, 1964, 61.

[2] Defnyddir y term 'Methodistiaeth' yn y bennod hon yn ei ystyr Gymreig arferol, sef 'Methodistiaeth Galfinaidd'.

[3] Gellir mesur pwysigrwydd y llyfr hwn, sy'n ymdrin i raddau helaeth iawn ag Anghydffurfwyr, trwy ddarllen y rhestr danysgrifwyr, a oedd yn cynnwys Arthur Balfour, y Prif Weinidog ar y pryd; Yr Arglwydd Rosebery; Joseph Chamberlain; ac Arglwydd Faer Caerdydd.

[4] *Letters to Margaret Gilcriest*, gol. Mair Saunders Jones, Ned Thomas a Harri Pritchard Jones, Caerdydd 1993, 186. Cyfeirir at y gyfrol o hyn ymlaen fel LMG.

[5] *LMG*, 185.

[6] 'Problemau Prifysgol' : *Saunders Lewis a Phrifysgol Cymru*. Darlith y Brifysgol yn Eisteddfod Genedlaethol Cymru, 1997, 18-9.

[7] *LMG*, 185.

[8] *LMG*, 161.

[9] *LMG*, 454.

[10] *LMG*, 442.

[11] *LMG*, 468.

[12] *LMG*, 471

[13] *LMG*, 579

[14] *LMG*, 581

[15] *God's Prescence Makes the World*, Llundain 1997, 137-8.

[16] 'Traddodiadau Catholig Cymru', *Catholiciaeth a Chymru*, 1934. Ailgyhoeddwyd yn *Ati, Wŷr Ifainc*, gol. Marged Dafydd, Caerdydd 1986, 8-13.

[17] *LMG*, 313.

[18] *LMG*, 467.

[19] Gweler, er enghraifft, ei 'Llythyr Ynghylch Catholigiaeth', *Y Llenor*, Haf 1927. Ailgyhoeddwyd yn Marged Dafydd, op. cit., 4-7.

[20] *LMG*, 80.

[21] *LMG*, 85.

[22] *LMG*, 461.

[23] *LMG*, 512.

[24] *LMG*, 513

[25] *LMG*, 539

[26] *LMG*, 544-5.

[27] *LMG*, 158

[28] Gweler, er enghraifft, astudiaeth Ute Ranke-Heinemann, *Eunuchs for Heaven: The Catholic Church and Sexuality*, Llundain 1995.

[29] *LMG*, 291.

[30] *LMG*, 608.

[31] Ailgyhoeddwyd yn Marged Dafydd, op. cit., 19-23.

[32] Cyhoeddwyd yn *Bro a Bywyd Saunders Lewis*, gol. Mair Saunders, Cyngor Celfyddydau Cymru 1987, 97.

[33] Llythyr a ddyddiwyd 3 Mehefin, 1967. Cedwir yn awr yn Llyfrgell Genedlaethol Cymru.

[34] Fodd bynnag, arhosodd yn aelod o'r Eglwys Babyddol hyd y diwedd – 'yr Eglwys yr oedd yn aelod mor ffyddlon ac mor anghysurus ohoni', yng ngeiriau'r bregeth angladdol a draddodwyd gan ei gyfaill agos Yr Esgob Daniel Mullins. Gweler Mair Saunders op. cit., 113.